오늘도 사랑합니다

1판 1쇄 인쇄 2025년 9월 25일
1판 1쇄 발행 2025년 9월 30일

지은이 권은하 김애자 백미정 신시옥 유명순 이순자 전숙향

발행인 김영대
펴낸 곳 대경북스
등록번호 제 1-1003호
주소 서울시 강동구 천중로42길 45(길동 379-15) 2F
전화 (02) 485-1988, 485-2586~87
팩스 (02) 485-1488
쇼핑몰 https://smartstore.naver.com/dkbooksmall
e-mail dkbookss@naver.com

ISBN 979-11-7168-114-3 03810

빛의 길을 따라 떠나는 여행

옛날 어느 마을에 마음의 짐이 무거운 한 소녀가 살고 있었어요. 그녀는 세상의 빛을 찾아 먼 길을 떠나기로 결심했지요.

그 길 위에서 만난 신비로운 다섯 곳, 그리고 그곳에서 만난 다섯 가지 이야기가 오늘 우리를 기다리고 있답니다.

1장 또 다른 기회 : 고개를 갸우뚱거린 후

소녀가 처음 마주한 곳은 '고개를 갸우뚱거린 숲'이었어요. 그곳은 아직 완전히 이해하지 못한 것들로 가득한 곳이었답니다. 맑은 하늘에 떨어지는 빗방울처럼 신선한 시작이 기다리고 있었지요.

"왜 이렇게 힘든 걸까?"

3

소녀는 고개를 갸우뚱거렸지만, 그 순간 하늘은 부드럽게 미소 지으며 그녀에게 속삭였어요.

"새로운 기회가 너를 기다리고 있단다."

그곳에서 소녀는 자신의 자리에서 묵묵히 빛나는 작은 별들을 보았고, 그 빛들이 또 다른 희망으로 그녀를 이끌었답니다.

2장 감사의 힘 : 모든 것에 감사하라 하셨죠

다음으로 소녀는 '감사의 정원'에 다다랐어요. 꽃마다 감사의 말들이 피어 있었고, 바람은 그 감사의 향기를 세상 구석구석에 전하고 있었지요. 소녀는 마음속 깊이 감사의 씨앗을 심으며 배웠어요.

"감사는 가장 작은 기쁨에도 감춰진 하나님의 은혜를 보는 눈이란다."

그곳에서 그녀는 삶의 모든 순간에 깃든 감사의 힘을 깨닫고, 그 힘이 자신을 더욱 강하게 만드는 걸 느꼈어요.

3장 알아차림 : 깨어남의 한 방법이지요

감사의 정원을 지나 소녀는 '깨어남의 산'에 올랐어요. 그

산 정상에서는 세상의 소음이 사라지고, 오직 하나님의 사랑이 맑게 울려 퍼졌지요.

"진정한 평화는 나를 둘러싼 모든 것을 내려놓을 때 찾아온단다."

소녀는 깊은 숨을 들이쉬며 깨어남의 의미를 마음에 새겼어요. 그곳에서 그녀는 하늘을 닮아가는 파랑이처럼, 조금씩 자신도 하나님의 사랑을 닮아간다는 기쁨을 느꼈답니다.

4장 하나님의 사람들 : 믿음과 사랑의 공동체 이야기

깨어남의 산을 내려오자 소녀는 '하나님의 사람들 마을'을 만났어요. 그곳에는 서로를 믿고 사랑하며 함께 걸어가는 사람들이 살고 있었지요. 그들은 서로의 짐을 나누고, 기도와 위로로 마음을 따뜻하게 했어요.

"우리 모두는 하나님의 사랑 안에서 연결되어 있단다."

소녀는 그 공동체 속에서 진정한 사랑과 믿음이 무엇인지 배우고, 자신도 그 사랑의 한 조각임을 깨달았답니다.

5장 마침표 앞의 나 : 삶의 끝자락에서 마주한 희망과 결단

마지막으로 소녀는 '마침표의 들판'에 섰어요. 삶의 이야기가 끝나가는 그곳에서 그녀는 고요한 희망과 평안을 마주했지요.

"삶의 끝은 또 다른 시작이란다."

하나님은 그녀의 손을 잡고 부드럽게 말씀하셨어요. 소녀는 눈물을 닦고, 이 여정을 통해 얻은 사랑과 믿음으로 새롭게 다짐했답니다.

"나는 이제 두렵지 않아요. 하나님과 함께라면 어디든 갈 수 있으니까요."

이렇게 소녀는 다섯 가지 빛의 길을 지나며 하나님의 깊은 사랑과 위로를 배웠어요.

우리도 이 책을 통해 소녀와 함께 그 길을 걸으며, 우리 삶 속에 숨겨진 사랑과 희망의 빛을 찾아가 보아요. 그 길 끝에는 언제나 우리를 품어 주시는 하나님이 계시니까요.

책 쓰기 코치
백미정

차 례

제2장 감사의 힘 : 모든 것에 감사하라 하셨죠

제3장 알아차림 : 깨어남의 한 방법이지요

제1장

또 다른 기회 :
고개를 갸우뚱거린 후

삶의 무게에 잠시 고개를 갸우뚱거릴 때,
하나님의 부드러운 손길이 우리를 감싸 안으며
다시금 일어설 수 있는 또 다른 기회를 선물하십니다.

각자의 자리에서 꿈틀거리는 소망과 기쁨
그리고 그 속에 숨겨진 작은 기적들이
조용히 피어나는 순간들을
1장의 글들과 함께 만나게 되길 희망합니다.

지금 당신은
갈등과 위기를
기회의 순간이라고 생각하고 계시는지요?

맑은 하늘에 빗방울

권은하

기쁨으로 여호와를 섬기며 노래하면서 그의 앞에 나아갈지어다
시편 100편 2절

오늘은 맑은 하늘에 빗방울이 톡톡 떨어지는 이상한 날이에요. 열린 창문 사이로 따스한 바람이 불어오더니, 책상 위에 놓인 성경책이 바람에 펄럭이며 스르륵 펼쳐졌어요.

"오! 이런, 생각지도 못했는데…."
그 순간, 책상 위에 놓인 빈 노트가 혼잣말을 했어요.
그러자 이번엔 성경책이 말했어요.

"너는 지금, 무엇을 하고 있느냐?"

"에잇, 결국 이렇게 되었네."

노트는 마치 모든 걸 체념한 듯 말했어요.

"너는 너의 일을 하라."

성경책에서 들려오는 거룩한 음성에 노트는 이상하게도 얽매였던 무언가가 풀어지는 걸 느꼈지요. 그러고는 하얀 종이 위에 성경책에 나오는 말씀들을 하나씩 써 내려가기 시작했어요. 노트는 말씀을 한 줄, 두 줄 써 내려갈 때마다 스스로 조금씩 경건해지는 느낌을 받았어요.

처음에는 기쁨으로 시작했지만, 시간이 지날수록 점점 힘이 들고 지쳐갔어요. 아무도 알아주지 않는 일을 기쁨으로 계속하기란 쉬운 일이 아니었지요. 순간순간 '이게 뭐지?' 하는 의문이 들면서, 짜증이 슬며시 올라왔어요.

그때, 성경책에서 거룩한 음성이 들려왔어요.

"너는, 네가 잘하고 있다고 생각하느냐?"

깜짝 놀란 노트는 필사하던 손을 멈추고 거룩한 음성에 귀를 기울였어요.

"지쳤느냐?"

"네, 하루 종일 쓰는 게 참 힘들어요."

노트는 투정 섞인 목소리로 대답했어요.

"그래, 네가 지쳤구나."

성경책에서 다시 들려온 음성은 부드럽고 따뜻했어요. 다정하고 부드러운 그 음성에 노트는 생각지도 못한 눈물을 흘렸어요.

"어찌하여 짜증을 내느냐?"

노트는 대답하지 못한 채, 눈물만 뚝뚝 흘렸어요.

"내가 너의 눈물을 기억하노라. 말씀을 전하기 위해 애쓴 너를, 내가 기뻐하노라."

성경책에서 들려온 음성은 한없이 자비롭고 부드러웠어요. 그 다정한 음성에 마음이 풀린 노트는 조심스럽게 말했어요.

"그럼…. 지친 저에게 힘을 주세요. 정말 지쳤어요."

그 순간, 어디선가 노랫소리가 들려왔어요. 책상 위 라디오에서 흘러나온 아름다운 선율이 방 안을 가득 채웠어요.

"♪~ 쉴 만한 물가로 나를 인도하시는도다~ ♬"

아름다운 노랫말은 지친 노트의 마음을 부드럽게 감싸안았어요. 노트는 온몸에 전율을 느끼며 모든 것을 내려놓았어요.

"내가 너를 사랑하노라."

성경책에서 들려오는 낮고 거룩한 음성은 노트의 마음을 한순간에 사로잡았고, 노트는 사랑으로 가득 찬 마음에 알 수 없는 기쁨이 샘솟는 걸 느꼈어요. 책상 위 라디오에서 계속해서 흐르는 그 아름다운 노랫소리에 맞춰, 노트는 다시 힘을 내어 말씀을 써 내려가기 시작했어요.

　맑은 하늘에서 떨어지던 빗방울은 어느새 멈추고, 세상은 햇살로 한없이 따사롭고 밝아졌어요. 책상 위 성경책은 거룩한 빛을 머금은 채 고요히 놓여 있었고, 노트는 예전보다 더 힘차고 정성스럽게 말씀을 써 내려갔어요. 라디오는 마치 노트를 응원하듯 깊고 아름다운 선율을 계속 들려주었어요.

　세상은 더없이 평화로웠어요. 참으로 이상한 날이지요. 맑은 하늘에 떨어지는 빗방울이라니, 살다 보면 말로 다 설명할 수 없는 특별한 날도 있나봐요.

이야기 나눔

질문 1 이야기 속 노트는 왜 지쳤나요?
나에게도 이야기 속 노트처럼 지쳤던 순간이 있었나요?

함께 나누기

질문 1 교회공동체에서 함께 봉사하는 형제나 자매가 지쳐있다면 나는 어떻게 도와줄 수 있을까요?

질문 2 하나님의 일을 하면서 갈등이 생겼을 때 어떻게 해결했나요?

적용과 기도문 쓰기

미션 1 신앙 노트에 나의 하나님에 대해 써보세요.

미션 2 하나님께 현재의 마음을 담아 기도문을 써보세요.

룰루랄라 콧노래를 부르며

김애자

서로 친절하게 하며 불쌍히 여기며 서로 용서하기를
하나님이 그리스도 안에서 너희를 용서하심과 같이 하라
에베소서 4장 32절

따사로운 봄 햇살과 살랑살랑 불어오는 봄바람이 기분까지
설레게 해주는 날이었어요. 음표는 집 앞 공원에서 열심히 운
동을 하고 있었지요. 그때 피아노가 다가와 인사를 건넸어요.

"음표야, 안녕."

피아노는 밝은 목소리로 인사를 했어요. 음표는 못 들은 척
하며 계속 운동을 했어요. 사실 음표는 피아노가 자기 옆에 와

있다는 것이 불쾌했거든요. 왜냐하면 피아노는 음표를 볼 때마다 자신을 자랑했기 때문이에요.

'어릴 적부터 노래를 잘해 합창단을 했고, 부잣집에서 태어나 신발과 옷은 늘 명품만 입었다고 했지.'

음표는 피아노가 자랑했던 말들이 떠올랐어요. 피아노가 자랑을 하고 싶어서 자기에게 인사를 한다는 생각도 들었어요. 그래서 피아노의 인사를 받아주지 않았던 거죠. 음표는 피아노를 향해 기분 나쁜 표정으로 쏘아붙였어요.

"너는 추울 때는 공원 한 번 안 나오더니, 오늘은 웬일로 나왔니? 그렇게 움직이기 싫어하고 운동을 안 하니까 뚱보가 되는 거지. 부지런하게 생활하고 나처럼 운동도 열심히 하면 멋진 몸매를 유지할 수 있단다. 운동을 게을리하고 살이 찌면 성인병에 걸릴 수 있다는 거 알아?"

음표는 한심하다는 듯 피아노를 바라보았어요. 피아노는 음표가 하는 말을 듣고 상처를 받았어요. 그리고는 더 이상 아무 말도 하지 않고 토라진 표정으로 집을 향해 발걸음을 옮겼지요. 음표는 "그래, 갈 테면 가라지."라고 혼잣말로 중얼거렸어요.

째깍째깍. 시계 초침 소리만 들리고 온 세상이 고요하게 잠든 새벽 3시. 음표는 잠에서 깨어났어요. 그리고 낮에 피아노와 있었던 일들이 떠올랐지요. 자신이 피아노를 속상하게 했다는 사실도 그제야 깨달았어요. 음표는 자신이 용서와 포용하는 마음이 부족하다는 것도 알게 되었어요. 그러자 한없이 부끄러운 생각이 들었어요. 잠을 자려고 해도 생각이 꼬리에 꼬리를 물며 머릿속을 맴돌아 잠을 잘 수가 없었지요.

"어떻게 해야 할까?" 고민에 고민을 계속했어요.

음표는 평소에 알고 지내던 바이올린, 비올라, 첼로를 집에 초대하기로 결심했어요.

"얘들아! 어서 와."

초대받은 바이올린, 비올라, 첼로는 음표를 위로해 주었어요.

"그런 일이 있었구나."

"마음이 많이 괴롭겠다."

"그래서 음표 너는 어떻게 하고 싶어?"라는 말들로요.

그 후 여러 날이 지났어요. 음표는 피아노에게 했던 말이 계속 머릿속에서 떠나지 않아 괴로웠답니다. 그래서 맛있는 빵과 음료를 사 들고 피아노를 찾아갔어요.

띵동.

음표는 조심스레 피아노 집의 초인종을 눌렀어요. 피아노가 문을 열고 음표를 맞이했어요. 음표는 피아노에게 말했지요.

"피아노야, 미안해. 내 마음이 너무 좁아서 너에게 상처를 줬어. 이제부터는 넓은 마음으로 이해하는 법을 글쓰기 공부로 배우며 실천할게. 다시는 그런 말로 너에게 상처주지 않을 거야. 그러니 나를 용서해줘."

피아노도 음표에게 말했어요.

"나도 너에게 내 자랑을 많이 해서 미안해."

둘은 서로에게 사과를 하고, 음표가 사 온 빵과 음료를 맛있게 먹으며 즐거운 대화를 나누었어요.

음표는 홀가분한 마음으로 룰루랄라 콧노래를 부르며 집으

로 돌아갔어요. 집에 돌아온 음표는 무릎 꿇고 두 손 모아 하나님께 회개 기도를 한 후, 평온한 일상을 이어갈 수 있었답니다.

마음 나눔

질문 1 음표는 피아노가 자랑하는 말을 듣고 불쾌했죠. 이런 감정은 때때로 나도 느끼는 감정이기도 해요. 누군가 자신을 자랑할 때 기분이 어때요?

질문 2 최근에 어떤 상황에서 다른 사람을 불쾌하게 만든 적이 있나요? 그때 어떻게 반응했나요?

음표는 자신이 상처를 주었다는 사실을 깨닫고, 피아노에게 사과하며 마침내 화해를 합니다. 이것은 서로의 마음을 이해하고 용서하는 중요한 과정이에요.

생활질문 갈등이 생겼을 때, 마음을 열고 사과하거나 화해하려고 노력하나요? 그렇다면 용서를 실천하기 위해 필요한 마음가짐은 무엇일까요?

나의 다짐 ☐ 누군가에게 상처를 준 것을 깨달았다면, 먼저 사과하겠습니다.

☐ 마음의 문을 열고 이해하는 자세로 사람들을 대하겠습니다.

☐ 용서를 실천하여 나도, 다른 사람도 자유롭게 할 수 있도록 하겠습니다.

한 줄 기도문

"하나님, 내 마음을 열고 용서하는 마음을 주시옵소서."

자신의 자리에서

백미정

우리는 그가 만드신 바라
그리스도 예수 안에서 선한 일을 위하여 지으심을 받은 자니
에베소서 2장 10절 하반절

햇살이 은은하게 내리던 봄날 아침, 작은 강가에 있던 돌멩이는 흘러가는 강물을 바라보고 있었어요. 그때, 바람이 살며시 다가왔지요.

"샬롬, 돌멩이야! 오늘 하루도 평안하길 바랄게."

바람은 평소처럼 밝은 인사를 건넸어요. 하지만 돌멩이는 아무 말도 하지 않았어요. 겉으론 말이 없었지만, 마음속으로 이

렇게 속삭였지요.

'흥, 나한테 왜 저렇게 쉽게 말을 걸지? 내가 만만해 보이나? 난 움직일 수는 없지만, 이 자리를 지키는 것도 얼마나 귀한 일인데…. 가만히 있어도 의미 있는 존재라는 걸 몰라주는 것 같아.'

그날 밤, 돌멩이는 별빛 아래에서 홀로 기도했어요.
"하나님, 제 마음이 왜 이렇게 불편할까요? 바람은 아무런 잘못도 없는데, 왜 괜히 미워하는 마음이 생기는 걸까요?"
돌멩이는 천천히 자신의 마음을 들여다보기 시작했어요.
'나는 바람이 부러운 거였어. 어디든 갈 수 있고, 누구에게나 다정한 바람이 말이야. 그래서 괜히 무시하고 싶었던 거야.'

다음 날, 돌멩이는 용기를 내어 오래 알고 지낸 친구들인 풀잎, 햇살, 강물을 불렀어요. 그리고 마음을 고백했지요.
"나 사실 바람이 싫었던 게 아니라, 나 자신이 작고 부족하다고 느꼈기 때문이었어. 괜히 바람에게 화살을 돌렸지 뭐야."
그러자 풀잎이 살랑이며 말했어요.
"그랬구나. 마음 아팠겠다."
햇살은 따스하게 돌멩이 위에 내려앉으며 말했어요.

"마음을 나눌 수 있다는 건, 하나님께 받은 큰 선물이야."

강물은 조용히 흘러가며 말했지요.

"네 고백, 주님께서도 기뻐하실 거야."

그날 오후, 바람이 다시 다가왔을 때, 돌멩이는 부드럽게 말했어요.

"바람아, 어제 내가 인사를 받아주지 못해서 미안해. 사실은 네가 참 부러웠거든. 하나님 앞에서 그 마음을 내려놓고 나니까 이제는 평안해."

바람은 잔잔히 웃으며 말했어요.

"고마워, 돌멩이야. 네 진심이 나에게도 바람결처럼 전해졌

어. 우리, 하나님 안에서 좋은 친구가 되자."

돌멩이는 그날 이후, 자신의 자리에서 누구보다 기쁘고 감사한 마음으로 하루를 살아가게 되었어요. 우리는 다 다르지만, 하나님의 사랑 안에서 모두 소중한 존재라는 것을 돌멩이는 마음 깊이 깨달았답니다.

감정 탐험   돌멩이의 마음 따라가기

아래의 빈칸을 돌멩이의 감정에 맞게 채워보세요.

돌멩이는 겉으로는 _____ 보였지만, 속으로는 _____ 하고 있었어요.

하지만 돌멩이의 진짜 마음은 _____ 였어요.

🔖 나의 마음 돌아보기

누군가를 질투했던 적이 있나요?

하나님께 그 마음을 내려놓아 보아요.

저는 그 사람의 _____한 모습을 보고 질투한 적이 있어요. 그 마음을 하나님께 고백합니다.

이제는 하나님께서 허락하신 자리에서 _____하겠습니다.

🔖 진심 나누기 연습

고백하고, 위로하기

이야기 속 풀잎, 햇살, 강물처럼 친구의 고백을 따뜻하게 받아주는 연습을 해보아요.

내가 해줄 수 있는 말들 써보기

친구가 "나 사실 너가 부러웠어."라고 말한다면?

→ "_____"

친구가 "나도 나 자신이 부족해 보일 때가 있어."라고 말한다면?

→ "_____"

돌멩이는 움직일 수 없지만, 그 자리에서 소중한 역할을 하고 있었어요.
여러분도 각자 특별한 자리를 가지고 있답니다.

나의 '자리'를 그림으로 표현해 보세요.
(예: 잘 웃는 사람, 가족에게 따뜻한 말을 전하는 사람)

함께 묵상하며 마무리

지금 나는 어떤 사람이 되고 싶나요?

깨진 옥합 채워진 마음

신시옥

무엇보다도 뜨겁게 서로 사랑할지니
사랑은 허다한 죄를 덮느니라
베드로전서 4장 8절

노란 개나리와 연분홍 진달래가 곱게 피어 어릴 적 고향 생각이 나는 계절이에요.

"나드야, 안녕! 우리 친하게 지낼래?"

옥합은 나드에게 반갑게 인사를 했어요. 평소 자신이 값비싼 향유라고 자랑하고 다니는 나드는 옥합의 인사를 건성으로 받았어요. 그리고 친하게 지내자는 말에는 아예 대꾸도 하지 않았지요. 사실, 오늘 만난 옥합은 나드가 싫어하고 있던 옥합의 동생이었어요.

쿨쿨. 모두가 잠든 고요한 밤, 나드는 갑자기 옥합이 떠올랐어요.

'오늘 낮에 옥합이 먼저 인사하며 친하게 지내자고 했을 때, 왜 나는 친절하게 대답하지 못했을까?'

나드는 옥합을 미워하고 있던 자신의 마음에 불편한 감정이 들어 잠을 설쳤어요.

다음 날이 되었어요.

"그래, 결심했어! 예수님이 서로 사랑하라고 말씀하셨지."

"심호흡 크게 하고 '아자!' 용기를 내자."

나드는 옥합과 몰약, 유향 친구들을 초대했어요. 나드는 친구들에게 옥합을 미워하고 무시했던 자신의 교만한 마음을 털어놓았어요.

"친구들아, 사실은 옛날에 옥합의 형이 자신을 깨뜨려 나의 언니를 예수님 발에 부었단다. 나는 우리 언니가 옥합 속에서 편히 지냈으면 했나 봐. 옥합이 언니를 싫어해서 버렸다고 생각했지 뭐야. 그래서 옥합의 동생에게 못되게 굴었어. 동생 옥합아, 나를 용서해 줄래?"

"나드야, 너의 용기에 나도 도전받았어."

"우리를 초대해 주고 마음을 이야기해 주어 고마워."

나드의 고백에 친구들은 진심을 담아 위로해 주었어요.

그리고 동생 옥합은 조용한 미소와 함께 대답했어요.

"그랬구나. 너의 마음을 솔직하게 전해줘서 고마워. 우리 형의 이야기를 해주고 싶어. 괜찮을까?"

"그래."

"예수님은 이웃들로부터 무시당하던 마리아라는 여인을 인격적으로 존중해 주셨어. 마리아는 전 재산으로 값비싼 나드

향유를 샀지. 그리고 그것을 예수님의 발에 붓고, 머리카락으로 닦아드리며 사랑과 헌신을 아낌없이 표현했단다. 이 일은 온 인류의 구세주인 예수님께서 십자가에서 돌아가시는 장례를 준비하는 사건이 되었어. '옥합을 깨뜨려 나드로 나를 섬겼던 아름다운 이야기는 복음이 전파되는 곳 어디서든 전해지고 기억되리라.' 예수님이 말씀하셨단다."

동생 옥합의 이야기에 모두 눈시울이 붉어졌어요. 그리고 이내 환한 미소를 지었지요. 친구들은 예수님의 사랑, 나드와 옥합의 마음을 본받으며 살리라 다짐했어요.

"이야! 우린 정말 좋은 친구들이야. 예수님께서 우리에게 주신 좋은 향기를 많은 사람들에게 전하며 행복을 선물해 주자."

나드와 옥합 그리고 친구들 모두 예쁜 봄을 닮은 마음으로 꽉 채워져 있었답니다.

마음 나눔

질문 1 나드는 왜 옥합에게 친절하지 않았을까요?
가끔 우리는 편견이나 선입견 때문에 사람을 제대로 이해하지
못하고 마음을 닫을 때가 있어요.

질문 2 최근에 누군가를 선입견으로 판단하거나, 미워한 경험이 있었
나요? 그 사람을 이해하려고 노력한 적이 있었나요? 그 사람
에게 어떤 태도로 다가가면 좋을까요?

미여보기 나는 최근 ＿＿＿＿＿＿＿＿＿＿＿＿＿＿＿＿＿＿＿＿
＿＿＿＿＿＿＿＿＿＿＿＿＿＿＿＿＿＿＿＿＿＿＿＿＿＿＿＿
사람에 대해 선입견을 가졌던 것 같아요. 그 사람에게 마음을
열고, 다가가면 더 좋은 관계를 만들 수 있겠다고 느꼈습니다.

이야기 속에서 배운 것

나드는 자신의 교만한 마음을 고백하며 용서를 구하고, 옥합은 예수님의 사랑을 이야기해줍니다. 용서와 화해는 서로를 이해하고 존중하는 중요한 과정이에요.

성찰질문 나는 누군가에게 용서를 구할 필요가 있나요?
내가 사랑과 헌신으로 섬길 수 있는 사람은 누구일까요?

나의 다짐 □ 용서가 필요한 사람에게 먼저 다가가겠습니다.
□ 나의 마음을 솔직하게 고백하고, 다른 사람의 이야기를 귀 기울여 들으려 노력하겠습니다.
□ 예수님의 사랑을 내 주변 사람들에게 전할 수 있는 방법을 실천하겠습니다.

한 줄 기도문

"하나님, 내 마음을 열고 예수님의 사랑을 더 많이 나누게 해 주세요."

반짝반짝 빛나는
밤하늘의 별 같았어요

유명순

> 우리가 알거니와 하나님을 사랑하는 자
> 곧 그의 뜻대로 부르심을 입은 자들에게는
> 모든 것이 합력하여 선을 이루느니라
> 로마서 8장 28절

아침 햇살이 찬란히 비치는 어느 날.

"메모장아, 안녕?" 볼펜은 메모장에게 인사를 건넸어요. 메모장은 뚱한 표정으로 인사를 받는 둥 마는 둥 했어요. 그래도 볼펜은 다시 한 번 더 활짝 웃으며 인사를 했고, 메모장은 그제야 조그마한 목소리로 "안녕." 하고 답을 했어요.

'왜 이렇게 게을러 보이지?'

볼펜은 메모장이 가만히 앉아 있는 모습이 이해가 되지 않았어요.

'어떻게 이렇게 아무 일도 하지 않고 하루를 보내지?'

메모장의 행동을 비판하며, 그저 움직이기만 하면 뭔가 얻을 수 있을 거라고 생각했죠.

하지만 어느 날, 볼펜은 메모장들이 함께 뭔가를 만들고 있는 모습을 보게 되었어요. 메모장들이 하나씩 종이를 접고, 서로를 도와가며 비행기를 만들고 있었지요. 각자 다른 색깔의 메모장이 모여서 협력하여 하나의 멋진 비행기를 만들어가는 장면은 볼펜을 깜짝 놀라게 했어요.

"와, 이렇게 멋진 비행기를 만들 수 있구나!"

빨간색 메모장이 다른 메모장들을 도와 종이를 접고,

파란색 메모장이 날개를 정리해주었죠.

하얀색 메모장은 비행기의 길이를 맞추며,

검정색 메모장은 마지막으로 중요한 부분을 마무리했어요.

"우와, 정말 멋지다! 나도 그렇게 할 수 있겠구나!"

볼펜은 감동을 받았어요. 그들이 함께 만든 것은 반짝반짝 빛나는 밤하늘의 별 같았어요. 그때, 볼펜은 깨달았어요.

"이제야 알겠어. 내가 너무 성급하게 판단했구나."

메모장들이 각자의 역할을 다하며 하나의 목표를 향해 협력하는 모습을 보며, 볼펜은 그동안 자신이 메모장을 비판하고 있었던 것을 반성했어요.

이제 볼펜은 메모장들과 함께 협력할 수 있는 방법을 찾기로 결심했어요. 비록 각자 다르게 움직이고, 느리게 보일 수 있지만, 그들만의 방식으로 함께하는 힘이 있다는 것을 깨달은 거예요. 서로 도우며 멋진 비행기를 만들 수 있었던 것처럼, 사람들도 서로 도우며 더 멋진 세상을 만들어갈 수 있다는 사실을 말이에요.

이야기의 주제

이 이야기는 협력과 서로의 차이점을 이해하고 존중하는 것의 중요성에 대해 이야기합니다. 볼펜은 메모장을 비판했지만, 결국 그들이 함께 만드는 힘을 보며 진정한 협력의 가치를 깨닫게 됩니다.

질문 이 이야기를 통해 우리가 배워야 할 중요한 교훈은 무엇인가요? 볼펜은 메모장들을 어떻게 이해하게 되었나요?

내 경험 돌아보기

볼펜은 메모장이 게으르다고 생각했지만, 그들의 협력에서 큰 가치를 발견했습니다. 우리가 살아가는 세상에서도 비슷한 상황이 있을 수 있습니다.

내가 경험한 협력의 순간
나도 다른 사람을 이해하지 못하거나 성급하게 판단한 적이 있나요?
협력이나 공동 작업에서 내가 느낀 기쁨이나 깨달음은 무엇이었나요?

지난 _____에서 나는 다른 사람을 잘 이해하지
못한 적이 있었어요.

하지만 _____이라는 경험을 통해 함께 협력할 때
더 큰 성과를 이룰 수 있다는 걸 알게 되었어요.

함께 협력하기

메모장들은 각자의 역할을 다하며 함께 하나의 목표를 향해 나아갔습니
다. 이처럼 사람들도 각자 다르게 생각하고 일하지만, 함께 협력할 때 더
멋진 결과를 만들 수 있습니다.

협력의 중요성

내가 맡은 역할을 잘 해낼 때, 팀의 목표를 더 쉽게 이룰 수 있습니다. 내
가 다른 사람들과 협력할 때 더 나은 결과를 얻을 수 있는 방법은 무엇일까
요? 다른 사람들과의 협력을 통해 어떤 성과를 기대할 수 있을까요?

나의 다짐　□ 나는 다른 사람의 속도나 방식에 구애받지 않고, 함께 할
　　　　　　　 수 있는 방법을 찾아보겠습니다.
　　　　　　 □ 나만의 역할을 충실히 하여 협력의 힘을 키워가겠습니다.

🔖 나의 역할 찾기

이 이야기에서 각자 다른 역할이 모여 하나의 멋진 비행기를 만든 것처럼, 우리는 각자 다른 능력을 가지고 있지만, 그 능력을 합쳤을 때 더 큰 성과를 낼 수 있습니다.

내 역할 생각하기
내가 팀에서 맡고 있는 역할은 무엇인가요?
내 역할을 잘 할 때 팀의 성공에 어떻게 기여할 수 있을까요?

적어보기 내가 맡고 있는 역할은 ＿＿＿＿＿＿＿입니다.
내 역할을 잘 해내기 위해 나는 ＿＿＿＿＿＿＿을 하겠습니다.

🔖 창의적인 활동

주제: "함께하는 힘으로 하나의 멋진 목표를 이루기"

미션 종이나 카드, 색연필을 사용해 각자 협력할 때 이루어낼 수 있는 목표를 그림이나 다이어그램으로 표현해 보세요.
다른 사람과 협력하여 그 목표를 향해 나아가는 과정을 그림이나 이야기를 통해 나타내 보세요.

하늘을 나는 개나리

이순자

또 새 영을 너희 속에 두고 새 마음을 너희에게 주되
너희 육신에서 굳은 마음을 제거하고
부드러운 마음을 줄 것이며
에스겔 36장 26절

따뜻한 햇살과 함께 바람이 거세게 불어오는 날이었어요.

"개나리야, 안녕?"

바람은 개나리를 보고 반가운 마음에 인사를 건넸지요. 하지만 개나리는 아무 말도 하지 않고 고개를 돌려버렸어요. 밝은 목소리로 인사하는 바람이 개나리에겐 반갑지 않았지요.

'흥, 나랑 친하지도 않으면서 아는 척하네. 나 좀 봐. 얼마나 예쁜지!'

개나리는 뾰로통한 표정으로 먼 곳을 바라보며 바람을 외면했어요.

개나리는 곰곰이 생각해 보았어요.

'바람은 나보다 멋지지도 않은데, 어쩜 저렇게 친절할까? 나는 왜 바람의 인사를 받아주고 싶지 않았을까?'

개나리는 마음을 천천히 들여다보았어요.

'내가 바람을 미워하고 무시하고 있었나 봐. 나는 바람을 친구로 생각하지 못하고 있어.'

다음 날이 되었어요.

"이대로는 안 되겠어!"

개나리는 용기를 내어 큰소리로 외쳤어요. 그리고 얼굴만 알고 지내던 진달래와 제비꽃 그리고 민들레를 초대했어요.

'아, 떨리네. 딱 한 번만 용기를 내보자. 할 수 있어. 해보자!'

개나리는 초대한 친구들에게 별다른 이유 없이 바람을 미워하고 무시했던 마음을 고백했어요. 개나리는 기대했어요. 진달래, 제비꽃, 민들레가 자신의 교만한 마음을 해결해 줄 거라고

말이에요. 하지만 개나리의 기대와는 달리, 모두가 이렇게 말하는 게 아니겠어요?

"그랬구나. 많이 힘들었겠다."

참 신기했어요. "그랬구나. 많이 힘들었겠다."라는 이 두 문장은 그동안 개나리가 들었던 어떤 말보다 가장 큰 위로가 되었어요. 마음이 편안해졌지요. 바람을 미워하고 무시했던 마음을 고백하고 나니, 개나리는 마치 천사처럼 하늘을 둥실둥실 날아다니는 것만 같았어요.

친구들의 따스한 말과 행동 덕분에, 작은 일이라도 관심을 갖고 친절을 베푸는 것은 참 멋진 일이라는 생각을 하게 되었어요. 친구에게 잘못했던 일을 고백하는 건 부끄러운 일이 아니라는 것도 말이지요. 개나리는 고백 후에 세상이 더 아름답게 보이는 놀라운 경험도 했답니다. 사랑을 받는 것도 좋지만, 사랑을 주는 마음이 더 아름답다는 것을 알려주는 멋진 봄꽃이 되어야겠다고 다짐했어요.

이야기 핵심 정리

줄거리 요약하기

이야기는 개나리가 바람의 인사를 무시하면서 시작돼요. 마음을 돌아본 개나리는 자신이 교만하고 무례했다는 사실을 깨닫고, 친구들에게 그 마음을 고백해요. 친구들은 "많이 힘들었겠다"는 말로 따뜻하게 위로해 주고, 개나리는 그 덕분에 마음이 날아오를 듯 가벼워졌지요.

질문 개나리는 왜 바람의 인사를 외면했을까요?

친구들의 "많이 힘들었겠다"는 말이 왜 위로가 되었을까요?

개나리가 마음을 고백한 후, 무엇을 느끼게 되었나요?

아래 문장을 따라 내 마음을 써보세요.

나는 _____라는 이유로 어떤 친구의 마음을 오해한 적이 있

어요. 하지만 이제는 그 친구에게 _____라고 말해주고 싶

어요.

따뜻한 말 연습

개나리처럼 누군가의 고백을 들었을 때, 우리는 어떻게 말해줄 수 있을

까요?

"그랬구나. 많이 힘들었겠다."와 비슷한 따뜻한 말을 떠올려 보세요.

예쁜 말 카드 만들기

아래에 친구가 힘들어할 때 해줄 수 있는 위로의 말을 써보세요.

1. _____

2. _____

3. _____

함께 나누는 용기

나의 작은 고백
친구에게 혹시 마음에 걸리는 일이 있나요?
개나리처럼 용기를 내어 미안하다고 말할 수 있을까요?

아래 문장을 완성해 보세요.
나는 ＿＿＿＿＿＿에게 ＿＿＿＿＿＿했던 일을 고백하고 싶어요.
그 친구가 내 이야기를 들어준다면 나는 ＿＿＿＿＿＿할 거예요.

창의 활동   개나리의 날개 그리기

개나리가 고백한 후 하늘을 둥실둥실 날아다니는 것 같다고 했어요.
여러분의 '마음의 날개'는 어떤 모습인가요?

> **미션** '내가 마음을 고백하고 나서 얻은 자유'의 모습을 도화지에 그림으로 표현해 보세요.
> 날개, 꽃, 구름, 하늘 등 자유롭게 상상하며 색칠해 보세요.

마무리 묵상

묵상 질문
내가 누군가에게 상처를 줬던 기억이 있나요?
그 마음을 고백하고 용서를 구한다면 어떤 변화가 생길까요?
용서받은 경험이 있다면, 나는 그때 어떤 기분이었나요?

연노랑 나비의 고백

전숙향

아무 일에든지 다툼이나 허영으로 하지 말고
오직 겸손한 마음으로 각각 자기보다 남을 낫게 여기고
각각 자기 일을 돌볼뿐더러
또한 각각 다른 사람들의 일을 돌보아
나의 기쁨을 충만하게 하라
빌립보서 2장 3절~4절

꽃잎에 맺힌 이슬이 햇살에 반짝반짝 빛나는 어느 날 아침이었어요. 한 무더기의 코스모스가 살랑이는 바람결에 서로 키자랑을 하고 있었지요.

그때, 키 작은 코스모스가 자기를 향해 날아오는 듯한 연노랑빛 나비를 보았어요.

"나비야, 안녕?"

연노랑 나비는 코스모스의 가냘픈 목소리를 바람결에 듣는 둥 마는 둥 하고 저만치 날아갔어요. 사실, 연노랑 나비는 일부러 못 들은 척했어요.

'내가 지금 얼마나 바쁘게 일하고 있는데!'

그리고 이내 참았던 불만을 터뜨렸어요.

'흥, 어제는 내가 그렇게 아는 척을 했는데도 이리저리 고개를 돌리며 쳐다보지도 않더니….'

연노랑 나비는 한가하게 담소하며 자랑하는 꽃들이 늘 얄미웠어요. 지금 자신이 얼마나 중요한 일을 하는지, 꽃들은 모른다고 생각했어요. 그걸 안다면, 예쁜 색과 향기를 가졌다고 해서 자신에게 그렇게 도도할 수는 없을 거라고 여겼지요.

연노랑 나비는 온종일 날아다니며 열심히 일을 했어요. 깜깜한 밤이 되자, 지친 몸을 이끌고 쉴 곳을 찾았어요. 그리고 이내 생각에 잠겼지요.

'꽃들은 왜 나를 알아주지 않는 걸까?'

미움과 원망이 가시처럼 돋아나자, 그 가시가 연노랑 나비의 마음을 아프게 찔렀어요. 연노랑 나비는 고민 끝에 나비 친구들을 불러 모았어요. 그리고 지금까지 꽃들을 못마땅하게 생각했던 일과 가시에 찔려 아픈 마음도 다 내어놓았지요. 나비 친구들은 한결같이 날개를 접어 다소곳이 귀 기울여 주고 토닥여 주었어요.

"그래, 네 말이 맞아!"

"나도 그런 생각이 들었어."

"네가 열심히 일한 건 우리가 더 잘 알고 있지."

나비 친구들에게 솔직한 감정을 다 털어놓고, 속상함도 이해받으니 연노랑 나비의 마음은 한결 가벼워지는 것 같았어요.

그때, 가장 나이가 많은 호랑나비가 말했어요.

"우린 우리의 할 일을 할 뿐이야. 아마 저 꽃들도 우리에게 고마워할 거야."

'맞아, 키 작은 코스모스도 어쩌면 나에게 고맙다는 말을 건네려고 했던 건 아닐까?'

생각이 거기까지 미치자, 아침나절에 꽃을 비난했던 일이 미안해졌어요. 꽃들이 알아주든 알아주지 않든, 자신에게 맡겨진 사명에 충실하면 되는 거였는데 말이에요.

'왜 나는 칭찬을 받고 싶어 하는 걸까?'

연노랑 나비는 자신의 교만과 인정받고 싶은 욕심을 깨닫게 되자 부끄러워졌어요. 그래서 마음을 고쳐먹었어요. '내일 아침에 키 작은 코스모스에게 먼저 다가가 사과를 해야지.' 그리고 앞으로는 인정을 받지 못하더라도 화를 내거나 비난하지 않겠다고 말이에요. 더 많은 꽃이 사람들에게 사랑받는 기쁨을 누릴 수 있도록, 최선을 다하겠다고 다짐했어요.

연노랑 나비는 자신이 차츰 진노랑 나비가 되어 가는 꿈을 꾸며 미소를 지었답니다.

마음 나눔

연노랑 나비의 변화

나비는 처음에는 꽃들이 자신을 알아주지 않아서 속상해했어요. 하지만 나비는 나비 친구들과의 대화를 통해 마음의 변화를 경험했죠. 이 경험은 우리가 사람들과의 대화로 문제를 해결하고 마음을 치유할 수 있다는 것을 보여줍니다.

질문 나는 최근에 인정받고 싶어 한 경험이 있나요?

그때 내가 했던 행동은 나와 사람들에게 어떤 영향을 미쳤나요?

그 행동이 나에게 어떤 교훈을 주었나요?

적어보기 최근 나는 _____

_____의 상황에서

인정을 받고 싶어서 _____한 행동을 했어요. 그

행동을 통해 나는 _____라는 교훈을 얻었어요.

연노랑 나비는 꽃들에게 인정받고 싶었지만, 결국 자신의 교만함과 욕심을 깨닫고 사과를 결심합니다. 이 이야기는 인정을 받지 않더라도 자신의 역할에 충실할 것이라는 중요한 교훈을 줍니다.

성찰질문 나는 어떤 상황에서 인정받지 못한다고 느꼈나요?

인정받지 못해도 내가 할 일을 충실히 했을 때 마음이 어떻게 변할까요?

나의 다짐 □ 인정받지 못해도, 내게 주어진 역할을 충실히 하겠습니다.

□ 내가 비난하거나 원망했던 사람에게 먼저 다가가 사과하고 마음을 나누겠습니다.

□ 나의 교만을 내려놓고, 겸손한 마음으로 살아가겠습니다.

🔖 한 줄 기도문

"하나님, 저를 교만하지 않게 하시고, 제 역할에 충실하게 하여, 나누는 기쁨을 경험하게 해 주세요."

제2장

감사의 힘 :
모든 것에 감사하라 하셨죠

감사는 우리의 마음을 열어
하나님의 은혜를 온전히 느끼게 하는 신비한 열쇠입니다.

이 장에서는 삶의 크고 작은 순간마다
흘러넘치는 감사의 노래가 들려옵니다.
힘겨운 여정 속에서도 눈을 들어 감사의 빛을 바라보며,
그 빛이 우리 안에 깊은 평화와 기쁨으로 스며드는
체험을 하게 되길 희망합니다.

지금 당신은
모든 일에 감사하리라 다짐하며
감사의 마음을 표현하고 있나요?

방랑자의 깨달음

권은하

내가 주께 감사하옴은 나를 지으심이
심히 기묘하심이라
주께서 하시는 일이 기이함을 내 영혼이 잘 아나이다
시편 139편 14절

햇살은 더없이 따사로웠어요. 모든 걸 잃은 방랑자는 자신의 신세를 한탄하며 정처 없이 떠돌아다녔어요. 시원한 바람이 솔솔 불어오자 방랑자는 발걸음을 멈췄어요.

'날씨가 이토록 좋은데, 갈 곳도 없는 난 왜 이리 떠돌고 있는지…'

방랑자는 걸음을 멈추고 바위에 걸터앉아 푸른빛이 가득한 들판을 넋 놓고 바라보았어요. 들풀들이 바람의 방향에 따라 이리저리 이끌리면서도 여전히 꼿꼿이 서 있는 모습을 보며 방랑자는 생각했어요.

'바람이 동쪽으로 불면 동쪽으로 방향을 틀고, 서쪽으로 불면 서쪽으로 방향을 트네. 바람이 몹시도 성가시겠네.'

"들판아, 너도 대단하네. 바람이 이리 부는데도 네게서 난 풀을 잘 붙들고 있구나. 풀이 뭐라고 그리도 붙잡고 놓아주지 않니."

그러자, 들판에서 알 수 없는 떨림과 함께 음성이 들려왔어요.

"나는 내 일을 하는 거야. 내게로 날아온 씨앗을 잘 품어서 세상에 내보내는 거야. 거짓이나 꾸밈이 없이 오로지 바르고 곧게 풀을 잘 키워내는 게 내 역할이지."

그 말을 듣는 순간 방랑자는 놀라서 고개를 들었지만, 아무것도 보이지 않았어요. 그는 바람에 푸른 물결이 일렁이는 들판을 바라보며 생각했어요.

"그래, 올곧게 제 역할을 하며 살아가는 게 중요하지. 들판아, 고맙다. 네 덕분에 놓쳤던 걸 다시 찾은 것 같아."

방랑자는 다시 걸음을 옮기며 생각했어요.

'저 푸른 들판이 제 역할을 하도록 창조하신 하나님의 세계

가 참으로 놀라워. 하나님께 감사해야겠어.'

"하나님, 이토록 경이로운 들판을 창조하신 당신께 감사를
드립니다."

방랑자는 하늘을 향해 조용하면서도 경건한 목소리로 말했
어요.

한참을 지나, 숲이 울창한 산이 나타났어요. 거친 산을 오르
는 건 쉬운 일이 아니었어요. 그는 두 다리에 힘을 주며 한 발
한 발 내디뎠지만, 자꾸만 미끄러져 내려갔어요.

'하필 오르막이라서 걷는 게 쉽지가 않네. 오르막만 아니라
면 걷는 게 훨씬 쉬울 텐데….'

방랑자는 투정 섞인 목소리로 말했어요. 산을 오르는 건 정
말 쉬운 일이 아니었어요. 발에 밟히는 작은 돌멩이들 때문에
자꾸 미끄러졌어요. 그는 주위를 둘러보다가 기다란 나뭇가지
를 발견했어요.

'그래, 이 나뭇가지를 잘라서 지팡이 삼아 올라가는 거야.'

그는 길고 굵은 나뭇가지를 뚝 꺾어버렸어요. 그리고 붙은
나뭇잎을 떼어서 지팡이로 쓰기에 좋게 만들었어요.

'그래, 딱 좋아. 이 정도면 산을 오르는 데 도움이 될 거야.'

그는 자신의 행동에 만족스러웠어요.

"그렇게 마음대로 나뭇가지를 잘라버리면 안 돼."

이번에는 산에서 진동이 일어나며 음성이 들려왔어요. 방랑자는 놀라 주위를 살폈어요. 다시 산에서 울림이 들려왔어요.

"여기는 나무, 꽃, 바위, 짐승들의 터전이야. 나는 이들이 안전하고 편안하게 지내도록 지켜주고 있어. 그것들을 존중해줘. 귀하게 대해 달라는 말이야. 함부로 대하지 말아줘."

방랑자는 순간 자신의 어리석은 행동에 대해 반성했어요.

"이런, 내가 잘못했어. 너무 쉽게 생각하고 행동한 거 같아. 미안해. 나무야, 나를 용서해 줘."

"어떤 것도 네가 함부로 할 수 있는 건 없어. 여기에 존재하는 모든 것들은 존중받을 권리가 있어."

"그래, 내 잘못이야. 나무를 귀하게 여겨야 한다는 걸 깜빡했어. 산을 오르는 게 힘들다 보니 잠시 편하려고 그런 행동을 했어."

산은 잠시 고요하더니 어디선가 바람이 솔솔 불어오며 또다시 음성이 들려왔어요.

"괜찮아. 네 걸음이 얼마나 지치고 힘들지 알고 있어. 산을 오르는 건 쉬운 일이 아니지. 힘들 때는 천천히 그리고 느리게 걸어도 좋아. 오르막을 오를 때는 속도를 늦추고 천천히 한 발 한 발 내딛는 거야. 너무 급하게 오르지 않아도 돼."

그때 방랑자의 마음속에서 알 수 없는 떨림이 느껴졌어요.

"그래, 산아. 힘든 오르막을 내 욕심으로 걸으려 하다 보니 정작 중요한 걸 놓쳐 버렸어. 미안해. 그리고 그걸 알게 해줘서 고마워."

방랑자는 오르막길을 천천히 걸으며, 힘들면 잠시 멈추었다가 다시 걸음을 옮겼어요. 방랑자는 산을 천천히 오르며 나무들과 산짐승들, 바위를 더 깊이 알 수 있었어요. 이 모든 것들이 산에서 조화를 이루며 살아가고 있다는 걸 깨달으며 그는 하나님께 말했어요.

"하나님, 이토록 멋진 세상을 만들어주심에 감사합니다."

그는 모든 영광을 하나님께 돌리며 다시 발걸음을 옮겼어요.

한참을 걷다 보니 시원한 바람에서 짠맛이 묻어왔어요. 그의 눈 앞에 펼쳐진 반짝이는 물결은 너무도 아름다웠어요. 파란 하늘을 그대로 담은 듯한 바다를 보는 순간 방랑자의 마음도 바다처럼 일렁거렸어요.

"오, 이토록 아름다운 바다는 처음 봐. 보고만 있어도 가슴이 뻥 뚫린 느낌이 들어."

그는 자신도 모르게 바다를 향해 소리치고는 망설임 없이 하얀 모래사장으로 뛰어갔어요.

햇살을 받은 따뜻한 모래가 그의 발을 감싸며 마치 구름 위를 걷는 것처럼 폭신폭신했어요. 그는 부서지는 파도 너머 파란 물결의 바닷속으로 뛰어 들어갔어요. 오랜 방랑 생활로 지쳤던 몸과 마음이 금방 회복이 되면서 그는 더없이 즐거웠어요.

그가 바다에서 시간을 보내는 사이, 멀리서 누군가 바다에 빠져 허우적거리는 모습이 보였어요. 그는 구하러 가려고 했지만, 순간 망설여졌어요. 수영 실력이 좋지 않기에 괜히 구하러 갔다가 자신도 위험해질 수 있다는 생각이 들었어요.

'어쩌지, 나도 수영을 잘 못하는데…. 내가 아니어도 누군가가 도와주겠지. 괜히 수영도 못하는 내가 가서 도와준다고 했다가 죽을 수도 있어.'

"도와줘. 머뭇거릴 시간이 없어. 그는 너의 도움이 필요해."

방랑자는 바닷속 깊은 곳에서 들려오는 음성에 자신도 모르게 이끌려 헤엄쳐 갔어요. 하지만 수영 실력이 좋지 않아서 다른 사람을 구하기가 쉽지 않았어요. 그런데 이상하게 그가 사람을 구하는 게 아니라 바다가 구한다는 느낌이 들 정도로 파도가 들썩이며 그들을 모래사장으로 이끌어주었어요. 다행히 그들은 무사히 빠져나올 수 있었어요.

잠시 숨을 고르고 있는 사이 그의 귓가에 따뜻하고 감미로운 음성이 들려왔어요.

"잘했어. 자신의 생명이 위험할 수 있는데도 불구하고 다른 사람을 구하려는 행동은 자신의 생명만큼이나 다른 사람의 생명도 소중하고 귀하게 여긴다는 거야. 그건 바로 사랑이야."

방랑자가 정신을 차려보니 주위에 사람들이 몰려와 있었어요. 모두 그의 행동에 칭찬과 박수를 보냈어요. 하지만 방랑자는 잠시 망설였던 자신의 모습을 떠올렸어요. 그리고 자신의 실력으로는 그 사람을 구할 수 없었다는 걸 알고 있었어요. 파도에 의해 모래사장까지 무사히 올 수 있었다는 걸 누구보다 잘 알고 있었어요.

"바다야, 고마워. 네가 아니었다면 할 수 없었을 거야. 덕분에 사람의 생명을 구할 수 있었어."

"네 마음에 사람을 사랑하는 마음이 있었기 때문이야. 그래서 두려움을 용기로 바꿀 수 있었지."

방랑자의 마음 깊은 곳에서 따뜻한 무언가가 온몸으로 퍼져나가는 걸 느꼈어요. 그는 자신의 마음이 사랑으로 가득 채워지고 있다고 생각했어요.

"하나님, 감사합니다."

방랑자는 자신도 모르게 하나님께 감사의 기도를 드렸어요. 방랑자는 모든 걸 잃고 세상을 떠돌며 스스로 미워하고 꿈을 포기했던 자신의 인생에 한 줄기 빛이 자신을 향해 비추고 있음을 느꼈어요. 우연이라고만 할 수 없는 깨달음의 시간을 통해 그는 달라질 수 있었어요. 그는 들판, 산, 바다가 아름답고 조화롭게 존재한다는 것이 놀랍도록 신기했어요.

게다가 이 모든 것이 이 세계를 창조하신 하나님의 계획이라는 사실에 그는 깊은 깨달음과 감사를 드렸어요. 그리고 자신 역시 하나님의 소중한 창조물이라는 사실을 깨달으며, 모든 걸 잃고 절망만 남은 자신의 인생이 이제는 희망으로 변화되어 기뻤어요.

그의 방랑은 하나님과 함께 하는 시간이었으며, 하나님의 은혜 안에서 거듭나는 시간이었어요. 방랑자는 하나님의 놀라우신 계획과 사랑에 다시 한번 깊은 감사를 드렸어요.

이야기 나눔

질문 1 방랑자가 들판, 산, 바다를 떠돌며 느낀 것은 무엇인가요?

질문 2 방랑자가 마지막에 깨달은 것은 무엇인가요?

함께 나누기

'내 삶의 산'을 그려보며, 그것이 왜 힘들었는지, 어떻게 극복했는지 그림과 함께 나눠보세요.

적용과 기도문 쓰기

1) 나의 경험 이야기 하기

'두려움을 이긴 사랑'에 대한 나의 경험을 이야기해보세요.

누군가에게 전하고 싶은 사랑의 편지를 써보세요.

2) 나만의 감사기도 작성

〈방랑자의 깨달음〉을 통해 얻게 된 은혜를 기도문 형식으로 적어보세요.

그날

김애자

너희는 세상의 빛이라
마태복음 5장 14절 상반절

바람이 춤추며 봄을 노래하는 어느 날, 설아는 산책길을 따라 걷고 있었어요. 상큼한 내음이 설아의 코끝을 간지럽히며 다가와 노크했지요.

똑! 똑! 똑!

"문 좀 열어줄래? 내 이름은 피톤치드, 솔잎 향기라고 해."

"어서 와!"

설아는 솔잎 향기를 지니고 있는 소나무를 반가이 맞이했어요.

"바로 너였구나! 너의 향기는 어쩜 그리 싱그럽니?"

소나무는 새들과 즐겁게 노래하며, 파란 하늘을 이불 삼아 행복한 꿈을 꾸고, 풀잎에 맺힌 이슬방울을 먹고 자란다고 했어요.

"나의 향기로 사람들에게 행복을 선물하고 싶단다. 몸과 마음이 건강해지면 누구나 행복할 수 있거든. 나 또한 나의 향기로 행복을 선물할 때 함께 행복해진단다."

"소나무야, 넌 참 예쁜 마음을 가졌구나! 너의 예쁜 마음이 행복한 세상을 만들 거야. 나도 나눠주는 삶을 통해 사람들에게 행복을 선물하고 싶어졌어. 나눔의 기쁨을 알게 해줘서 고

마워!"

설아는 생각했어요.

'언제나 나를 사랑해 주시는 하나님의 사랑 덕분이야.'

설아는 비탈진 산길을 오르며 송글송글 맺힌 땀을 닦았어요. 잠시 후, 시원한 바람이 불어와 이마에 맺힌 땀을 식혀 주었지요. 한참 산을 오르던 설아는 잠시 걸음을 멈추고 주위를 둘러보았어요.

눈앞에는 커다란 바위가 있었어요. 설아는 바위 곁에 다가가 잠시 멈춰 섰어요. 그리고 마음속으로 바위에게 물었지요.

'너는 왜 항상 그 자리에 서 있는 거니?'

그러자 바위가 대답했어요.

"내가 이 자리에 서 있는 이유는 산에 사는 이끼나 곤충들에게 서식지를 제공하기 위해서야."

"어머나, 깜짝이야!"

설아는 바위의 대답 소리에 깜짝 놀랐어요. 바위는 아마도 마음속 생각까지 들을 수 있는 초능력을 가진 모양이에요. 설아는 바위의 대답에 마음이 뿌듯했어요. 그리고 바위의 끈기 있는 모습이 자신과 닮았다는 생각도 들었지요.

"바위야, 고마워! 나도 글쓰기를 통해 사람들에게 쉼을 주는 사람이 되고 싶어."

설아는 생각했어요.

'인내할 수 있는 것, 오늘도 나를 사랑하시는 하나님 덕분이야.'

따스한 봄날, 새들은 짹짹짹 노래하고, 해님은 포근한 담요처럼 온 세상을 따뜻하게 감싸고 있었어요.

해님은 장난꾸러기인가 봐요. 가끔 구름이 얼굴을 가리면 "까꿍!" 하며 다시 얼굴을 내밀지요. 해님이 사는 세상에는 반짝반짝 예쁜 꽃들이 피고, 숲속 요정들도 해님과 함께 춤추며 노래를 불러요. 해님은 모든 생명을 살리는 요술쟁이랍니다.

설아는 해님에게 물었어요.

"너는 왜 그렇게 너의 몸을 불태워가며 헌신하고 있니?"

해님이 대답했어요.

"세상이 웃는 걸 보는 게 내가 숨 쉬는 이유니까. 꽃과 나무가 웃고, 아이들이 웃는 걸 보면 나는 행복해. 누군가를 위해 헌신하는 것이 나의 기쁨이란다."

설아는 감동했어요.

"대가를 바라지 않고 자신을 바쳐 헌신하는 너의 모습이 너무나 아름다워. 나도 대가 없이 주는 사랑을 본받고 싶어."

설아는 생각했어요.

'우리 죄를 대신해 십자가를 지신 예수님의 사랑 덕분이야.'

설아는 자신이 가진 것을 아낌없이 나누는 소나무, 묵묵히 자리를 지키며 숲속 친구들의 서식지가 되어주는 바위, 편견 없이 세상의 모든 것을 따뜻하게 비추는 태양과 함께하며, 감사하는 마음이 모두를 행복의 문으로 안내한다는 것을 알게 되었어요. 그리고 다짐했지요.

"나도 누군가에게 쉼이 되고, 빛이 되고, 희망이 되는 사람이 되어야지."라고 말이에요.

질문과 나눔

내용 이해

질문 오늘 읽은 이야기에서 설아는 누구를 만나 어떤 배움을 얻었나요?

소나무 :

바위 :

해님 :

마음에 남는 문장 쓰기

질문 이야기 속에서 가장 마음에 남는 문장은 무엇인가요? 골라서 적어보세요.

마음 열기

질문 1 소나무처럼 누군가에게 좋은 향기가 되어준 적이 있나요?

질문 2 바위처럼 묵묵히 누군가를 지켜준 적이 있나요?

질문 3 해님처럼 대가 없이 사랑을 나눈 경험이 있나요?
(작은 일이라도 좋으니 떠올려 적어 보세요.)

🚩 감사 기도

소나무, 바위, 해님을 통해 배운 사랑을 기억하며 짧은 기도문을 적어 보
세요.

🚩 나의 다짐

질문 이제 나는 어떤 마음으로 살아가고 싶나요?
'나는 이런 사람이 되겠습니다!'라고 마음을 다지는 글을 적어
보세요.

마음 숲에서

백미정

형제를 사랑하여 서로 우애하고 존경하기를 서로 먼저 하며
로마서 12장 10절

기분 좋은 바람이 부는 어느 날, 루나는 뾰족산 너머로 소풍을 떠났어요.

작은 배낭 안에는 엄마가 싸 준 샌드위치와 성경책 한 권이 들어 있었지요.

"오늘은 어떤 친구들을 만날까?"

기대하는 마음으로 걷던 루나는 갑자기 나타난 반짝이는 문 하나를 발견했어요.

"마음 숲에 오신 것을 환영합니다!"

하늘에서 들려오는 맑은 목소리가 루나를 안내해 주었어요.

먼저 루나를 맞이한 건 '웃음'이라는 이름의 작은 다람쥐였어요.

그리고 숲속 깊은 곳에는 '열정'이라는 이름을 가진 꾀꼬리가 노래하고 있었지요.

큰 나무 아래에는 지혜로운 숲의 천사가 앉아 조용히 성경을 읽고 있었어요.

루나가 조심스레 다가가 말을 걸자, 숲의 천사는 따뜻하게 미소 지으며 말했어요.

"루나야, 나와 함께 성경을 읽어볼래?"

"응! 그런데, 왜 그렇게 조용히 말해?"

루나의 질문에 숲의 천사는 대답했어요.

"내가 너무 크게 말하면, 다른 친구들이 이야기할 기회를 잃게 돼. 서로의 말을 잘 듣고, 기다려 주고, 다름을 인정하는 것이 바로 존중이란다."

루나는 고개를 끄덕이며 다짐했어요.

'나도 친구들을 귀하게 여기는 마음을 가져야지.'

숲을 지나니, 다람쥐가 깡충깡충 뛰며 다가왔어요.

"하하하! 너 혹시 루나야? 반가워!"

루나는 피식 웃었고 다람쥐는 깔깔 웃었어요.

"너는 왜 그렇게 잘 웃어?"

다람쥐는 대답했어요.

"웃음은 하나님이 주신 선물이야. 사람들을 따뜻하게 만들고, 마음을 열게 하거든. 기쁨은 전염되잖아! 하나님도 우리 안에 기쁨이 넘치길 원하시고 말이야."

루나는 큰 소리로 함께 웃으며 생각했어요.

'나의 웃음으로 누군가에게 기쁨을 선물할 수 있다니, 참 좋은 일이야.'

마지막으로 루나가 만난 건, 작고 반짝이는 꾀꼬리였어요.

"안녕? 루나야. 너는 무얼 좋아하니?"

"음…. 글쓰기랑, 노래하기!"

꾀꼬리는 맑은 목소리로 말했어요.

"그거 멋진데? 하나님은 우리가 받은 재능을 기쁘게 쓰길 바라셔! 열정은 좋아하는 일을 끝까지 하게 만드는 힘이야. 노래하며 하나님의 아름다움을 전하는 게 내 기쁨이란다."

루나는 눈이 반짝였어요.

'나도 내가 잘하는 걸 포기하지 않고 계속 해봐야지.'

루나는 하루 종일 세 친구와 시간을 보내고 다시 뾰족산을 넘어 집으로 돌아왔어요.

그날 밤, 루나는 하나님께 이렇게 기도했어요.

"하나님, 오늘 존중, 웃음, 열정을 만났어요.

저도 오늘 만난 친구들처럼

다른 사람을 존중하고,

따뜻한 웃음을 나누며,

주신 재능에 열정을 담아 살아갈게요.

저를 그렇게 써 주세요. 아멘."

그 어느 때보다 평온함을 느끼는 밤이었답니다.

질문과 나눔

이야기 되돌아보기

질문 루나의 친구들은 루나에게 어떤 중요한 것을 알려줬나요?

숲의 천사 _____

다람쥐 _____

꾀꼬리 _____

루나처럼 나도 친구들에게 이렇게 하고 싶어요!

존중하는 방법: _____

웃음을 나누는 방법: _____

열정을 표현하는 방법: _____

나는 이런 재능을 하나님께 드리고 싶어요!(내가 잘하는 일, 좋아하는 것을 적어보세요.)

🚩 **기억에 남는 말**

루나와 친구들이 한 말 중 기억에 남는 말을 써보세요.

루나 _____

숲의 천사 _____

다람쥐 _____

꾀꼬리 _____

🔖 하나님께 드리는 기도

루나가 드린 기도처럼, 나도 하나님께 기도해 볼래요.

하나님, 오늘 저는 ＿＿＿＿＿＿＿＿＿＿＿ 를 배웠어요.

저도 루나처럼 ＿＿＿＿＿＿＿＿＿＿＿ 하고 싶어요.

제 마음에 기쁨과 사랑을 가득 채워 주세요.

예수님의 이름으로 기도합니다. 아멘.

옥이의 여행

신시옥

하나님은 사랑이시라 사랑 안에 거하는 자는
하나님 안에 거하고 하나님도 그의 안에 거하시느니라
요한일서 4장 16절 하반절

"이야! 넌 어쩜 그렇게 다양한 모습으로 변신을 잘하니?"

눈이 시리도록 파란 가을 날, 옥이가 구름에게 물었어요.

"그건 하나님의 사랑을 전하고 싶기 때문이야. 하나님은 우리를 너무 사랑하셔서, 우리 삶 속에 다양한 모습으로 다가오시거든. 푸른 풀밭에서 기쁘게 놀 때는 양떼구름처럼 포근하게, 마음이 자유롭고 싶을 땐 새털구름처럼 가볍고 넓게,

달콤한 사랑이 필요한 순간엔 뭉게구름처럼 부드럽게 말이야. 나는 그 사랑을 흉내 내서, 사람들에게 작은 위로가 되고 싶어."

오늘도 하늘에서 신나게 변신 놀이를 하는 구름.

"구름아, 하나님의 따뜻한 사랑을 느끼게 해줘서 고마워. 하나님께서도 우리를 늘 다양한 방식으로 사랑하시니까, 나도 기뻐."

"너희는 왜 그렇게 춤을 추고 있니?"

옥이가 나뭇잎들에게 물었어요.

"살랑살랑 봄바람이 우리의 몸짓이 아름답다고 칭찬해 줬거든. 기분이 좋아서 자꾸만 춤을 추게 돼. 게다가 우리가 흔들릴 때마다 공기가 정화되어 사람들이 더 건강해질수 있잖아. 그 생각만으로도 마음이 벅차."

그 모습은 마치 아무것도 바라지 않고 자기 자리를 묵묵히 지키며 자연의 일부로 살아가는 나뭇잎들의 고백 같았어요. 옥이는 미소 지으며 말했어요.

"너희들의 춤추는 모습을 보니, 깊은 감사가 느껴져. 세상에서 가장 행복한 사람은 감사할 줄 아는 사람이라고 들었어. 감사의 마음을 알게 해줘서 정말 고마워."

나뭇잎들이 속삭였어요.

"우리를 만드시고 '보시기에 좋았더라' 하신 하나님의 그 사랑이 늘 우리 안에 있거든. 그래서 감사하는 마음이 절로 나오는 거야."

"넌 왜 그렇게 주룩주룩 내리고 있니?"

옥이가 대지를 촉촉이 적시는 비에게 물었어요.

"이 세상 모든 생명은 비가 없으면 메말라 죽을 수밖에 없잖아. 그래서 나는 단비가 되어, 생명을 살리는 일을 하고 있단다. 그리고 언젠가는 누군가의 마음에 조용히 소망을 전하

는 보슬비가 되고 싶어."

옥이는 고개를 끄덕이며 말했어요.

"너의 모습을 보니까 나도 언제나 꿈꾸는 삶을 살고 싶다는 생각이 들었어. 비야, 고마워."

비는 조용히 웃으며 속삭였어요.

"초록빛 소망을 주신 분은 바로 살아계신 하나님이시란다."

그날 옥이는 사랑을 나누는 구름, 감사하는 마음으로 춤추는 나뭇잎, 소망을 나누는 비와 함께하면서 하나님의 마음은 마르지 않는 샘처럼 생명을 살린다는 것을 알게 되었어요.

질문과 나눔

📑 **말씀으로 여는 시간**

하나님은 사랑이시라. 사랑 안에 거하는 자는 하나님 안에 거하고, 하나님도 그의 안에 거하시느니라.
요한일서 4장 16절 하반절

나의 묵상 노트

마음에 남는 장면
이 이야기에서 가장 깊이 다가온 장면은 무엇이었나요?
그 장면을 적고, 내 마음이 움직인 이유를 나누어 보세요.

인상 깊은 장면:

그 이유:

나의 삶에서 바라본 하나님의 사랑
구름이 다양한 모습으로 변하는 것처럼, 하나님께서 내게 다양한 방식으로 다가오셨던 순간을 떠올려 보세요.
- 나뭇잎의 감사처럼, 내가 감사의 춤을 추고 싶었던 삶의 순간은 언제였나요?
- 조용히 내리는 비처럼, 누군가에게 소망을 나누고 싶었던 때는 언제였나요?

하나님의 사랑을 느낀 순간:

감사의 마음이 피어났던 때:

누군가에게 소망을 건네고 싶었던 기억:

질문 1 하나님의 사랑이 '구름'처럼 다가왔던 적이 있다면 그건 언제였나요?
그 사랑은 어떤 모습이었고, 나를 어떻게 변화시켰나요?

질문 2 '감사'는 마음의 춤이라고 합니다.
지금 내 삶에서 감사해야 할 것 세 가지를 적어 보세요.

질문 3 '소망을 전하는 보슬비' 같은 존재로 내가 오늘 누군가에게 줄 수 있는 작은 행동은 무엇일까요?

행복한 그들

유명순

서로 돌아보아 사랑과 선행을 격려하며
히브리서 10장 24절

"꽃병아! 너는 어떤 마음으로 모든 꽃들을 안아 줄 수 있는 거니?"

꽃병이 꽃들을 포근히 안아주던 어느 날, 연필이 꽃병에게 물었어요.

"응, 목말라할 것 같은 꽃들을 도와주고 싶어. 안전하게 안아 주고 예뻐해 줄 수 있어 감사해."

꽃병은 꽃들의 포근한 안식처였지요. 그래서 꽃들은 방긋 웃으며 활짝 피어날 수 있었어요.

"우와! 나도 너처럼 누군가에게 쉼을 주고, 누군가를 안전하게 감싸 주고, 나의 역할에 감사하는 마음을 가지고 싶어."

꽃병이 눈웃음을 지으며 연필에게 이야기했어요.

"하나님께서 만드신 아름다운 꽃들을 나에게 보내주시고 품을 수 있는 기회를 주셔서 얼마나 감사한지 몰라. 모든 것이 감사하단다."

하루 종일 글을 쓰느라 쉼이 필요한 연필이 책상 위에 잠시 누워 있을 때였어요.

"연필아, 안녕?"

꽃병과 예쁜 꽃들이 연필을 부르는 소리가 들렸어요. 하나님은 그들에게 놀라운 사랑의 기운을 더 많이 내려 주셨어요. 꽃병과 꽃들이 보내오는 강력하고 선한 에너지 덕분에 연필은 금새 힘을 되찾을 수 있었지요. 꽃병, 꽃들, 책상 그리고 연필은 하나님이 주신 사랑을 나누며, 서로를 지탱하고 아름다운 조화를 이루고 있었어요.

연필은 문득, 미처 생각하지 못했던 것을 깨닫게 되었어요. 그건 바로 책상에 대한 고마움과 미안한 마음이었답니다.

"책상아, 그동안 우리를 말없이 도와주고 있었다는 걸 몰랐어. 무겁진 않았니? 힘들진 않았어?"

"음, 조금 무겁기는 했어. 하지만 튼튼한 다리가 있어서 괜찮았어."

"그랬구나! 고마워. 네가 괜찮다고 말해 주니 안심이 돼."

친구들은 함께 함박웃음을 지었어요.

책상은 여전히 묵묵히 친구들을 지켜주며, 자기 할 일을 넉넉히 감당했어요. 꽃병은 꽃들을 사랑하는 마음과 하나님께 감사하는 마음으로 자신의 일을 웃으며 잘 해내고 있어요.

아름다운 꽃들은 환한 미소와 은은한 향기로 친구들에게 행복을 선물해 주었답니다. 연필은 친구들의 멋진 모습을 기록하며 풍성한 마음을 가지게 되었지요.

　　책상 위 꽃병과 꽃들 그리고 연필은 하나님의 마음으로 협력하며, 조화를 이루는 존재로 함께하고 있었어요.

🚩 오늘의 이야기 요약

이야기를 읽고 나서 기억에 남는 장면이나 인물의 마음을 적어보세요.

내가 가장 인상 깊었던 장면은?

그 이유는?

🔖 가치 단어 찾기

이 동화에는 하나님의 성품이 담긴 아름다운 단어들이 숨어 있어요.
아래 단어들 중 이야기 속에서 느껴졌던 단어에 동그라미를 해 보세요.

☐ 감사   ☐ 사랑   ☐ 섬김
☐ 배려   ☐ 협력   ☐ 쉼
☐ 회복   ☐ 기쁨   ☐ 정직

이 중 가장 깊이 느껴진 단어는 무엇인가요?
왜 그렇게 느꼈나요?

🔖 나도 꽃병처럼

꽃병은 꽃들을 품으며 기쁨을 느꼈어요.
나도 누군가를 위해 나의 자리를 지킨 적이 있을까요?
나는 어떤 존재가 되고 싶은가요?
나의 자리에서 할 수 있는 '사랑의 행동'은 무엇일까요?

작은 모둠에서 아래 질문 중 하나를 나눠보세요.

나는 이야기 속 어떤 인물과 닮았나요?

왜 그렇게 느꼈나요?

감사하는 마음을 어떻게 키울 수 있을까요?

지금 내 주변에 '고마움을 표현하고 싶은 사람'은 누구인가요?

나의 기도

오늘 읽은 이야기와 말씀을 묵상하며, 하나님께 짧은 기도를 드려보세요.

하나님, 저도 연필처럼 누군가를 기록하고 돕는 사람이 되고 싶어요.
제 자리에서 기쁘게 섬기며 감사하는 마음을 잊지 않게 해 주세요.

자야와 하늘 친구들

이순자

하나님이 두 큰 광명체를 만드사
큰 광명체로 낮을 주관하게 하시고
작은 광명체로 밤을 주관하게 하시며
또 별들을 만드시고
창세기 1장 16절

"태양아, 안녕! 왜 너는 하늘에서 빛을 비추고 있니?"

햇살이 따뜻한 봄날, 자야가 태양에게 물었어요.

"응, 하나님이 나를 하늘에 있도록 만들어 주셨어. 내가 세상을 비추면 나무도 자라고, 꽃도 피고, 세상이 예쁘게 변하거든."

"우와, 너 정말 멋지다! 바람이 쌩쌩 불고 구름이 너를 가려서 추웠을 때, 나는 네가 너무 보고 싶었어. 아마 나뭇잎들과 꽃들도 너에게 무척 고마워할 거야."

태양은 더 환하게 빛을 비추며 말했어요.

"나를 칭찬해줘서 고마워. 가끔은 내 자랑을 하고 싶을 때도 있어. 하지만 어느 한쪽으로 치우치지 않고, 당당하고 변함없이 내가 해야 할 일을 묵묵히 하려고 노력 중이야."

"어머나, 태양아! 너는 겸손한 마음까지 가졌구나. 정말 멋지고 대견해."

"하나님이 내게 주신 사명을 꾸준히 감당할 뿐이야."

자야는 태양의 겸손함과 멋진 모습을 닮고 싶어졌어요.

밤이 되자 자야는 또 다른 질문을 품고 달을 바라보았어요.

"달아, 안녕! 물어보고 싶은 게 있어. 너는 왜 어떤 날엔 동그랗고, 어떤 날엔 눈썹처럼 작아지는 거야?"

달은 온화한 미소로 대답했어요.

"아, 그게 궁금했구나! 그건 내가 스스로 그렇게 되는 게 아니야. 하나님께서 지구와 달이 스스로 빙글빙글 돌게 만드셨어. 이렇게 스스로 도는 걸 '자전'이라고 해. 또 달은 지구 주위를 빙글빙글 돌기도 한다. 그래서 어떤 날은 내 몸이 동그랗게 보이고, 어떤 날은 눈썹처럼 가늘게 보이는 거야. 나는 하나님이 맡기신 일을 성실하게 하려고 해.”

“정말? 우와, 신기하다! 세상 어떤 사람도 지구와 달을 돌게 할 순 없잖아. 하나님과 너는 정말 대단해.”

자야는 달에게 엄지손가락을 치켜들며 말했어요.

“달아, 고마워. 캄캄한 밤에도 네가 비춰줘서 참 좋아. 나도 너처럼 잘하는 일이 있어서 세상에 좋은 일을 하고, 다른 사람을 돕는 사람이 되고 싶어.”

“하나님께서 나에게 능력을 주셔서 가능한 일이란다.”

자야는 달의 말을 듣고, 하나님이 정말 멋진 분이라는 생각을 한 번 더 깊이 했어요.

이번엔 별에게 물었어요.

“반짝반짝 별아, 안녕! 너는 왜 온 세상이 자고 있는 밤에도 반짝반짝 빛나고 있어?”

자야는 별도 밤에는 자야 한다고 생각하고 있었거든요.

“자야, 반가워. 내가 밤에 반짝이는 이유는 예리한 관찰력으로 사물을 잘 살피는 것이 내가 해야 할 일이기 때문이야.”

“우와, 신기하다! 그런데 별아, 캄캄한 밤이 무섭진 않아? 나는 밤에 혼자 있으면 무서울 때가 있거든.”

"괜찮아. 하늘에는 나처럼 별 친구들이 많이 있어서 무섭지 않아. 마치 놀이하듯 즐겁게 지내고 있어. 그리고 나를 창조하신 하나님이 함께해 주시니까 마음이 든든하고 평안해."

"아, 그렇구나! 나도 너처럼 친구들과 즐겁게 지내고 싶어. 그리고 하나님께서 늘 함께해 주셨으면 좋겠어. 나는 어린아이들이 안전하고 건강하게 자라도록 돕고, 재미있는 활동을 하며 보살피는 사람이 되고 싶어. 고마워, 별아."

자야는 생각했어요. 한쪽으로 치우치지 않고 당당하고 변함없는 중용 같은 태양, 자신의 능력을 겸손히 드러내는 지혜로운 달, 사물을 꿰뚫어 보는 통찰력과 믿음을 지닌 별처럼, 감사하는 마음으로 세상을 이롭게 하며 살아가고 싶다고 말이에요.

이야기 되돌아보기

이 이야기에서 마음에 남는 장면은 무엇인가요?
☐ 태양이 자기 일을 묵묵히 하는 장면
☐ 달이 자신의 변화에 대해 설명해준 장면
☐ 별이 친구들과 밤을 지켜주는 장면
☐ 자야가 감사하며 다짐하는 마지막 장면

왜 그 장면이 좋았나요?

이 이야기에 등장한 하늘 친구들을 소개해요.

하늘 친구	자야에게 해 준 말	내가 느낀 점
태양		
달		
별		

나에게도 하나님께서 맡기신 일이 있다면, 그것은 무엇일까요?

내가 잘하는 일은 무엇인가요?

내가 도와주고 싶은 사람은 누구인가요?

기도해요

하나님께 드리고 싶은 짧은 기도를 적어 보아요.

함께 나누어요   (가정이나 교회, 학교에서)

나는 이 이야기를 읽고 어떤 생각이 들었나요?

자야처럼 하나님께 "왜?"라고 물어보고 싶은 게 있나요?

오늘 나의 하루 속에 '하늘 친구들'처럼 나를 도와준 사람은 누구였나요?

아름다운 질문들

전숙향

사람이 친구를 위하여 자기 목숨을 버리면
이보다 더 큰 사랑이 없나니
요한복음 15장 13절

"너는 어쩜 그렇게 열정적인 모습이니?"

어느 가을날, 향이가 해바라기에게 물었어요.

"난, 오로지 뜨거운 해만 따라다니는 껌딱지란다. 이글거리는 태양에게 조금이라도 더 가까이 가고 싶어 목도 아주 길어졌지. 그리고 태양의 열기에 온몸이 녹아들 때쯤이면 나의 얼굴에는 보석이 알알이 박힌단다."

"이야! 인내의 시간을 쌓아가는 너의 모습, 대단해. 나도 너처럼 오직 한 곳만 바라보는 열정의 열매를 맺고 싶어."

"멋진 생각이구나. 해를 잘 바라볼 수 있도록 나에게 큰 키를 주시고 열정의 마음을 지켜주시는 하나님께 감사해."

다음 날이 되었어요. 넓은 들판에 피어있는 들꽃들을 향해 향이가 물었어요.

"얘들아, 너희에게는 어떤 헌신의 마음이 있기에 이렇게 무리 지어 피어있니? 서로 뽐내지 않는 어울림이 놀라워."

"관심을 가지고 질문해줘서 고마워. 우리는 언제든지 꺾일 준비를 하고 있단다. 사람들이 바라보는 다정한 눈빛만으로도 기쁘지만, 우리를 꺾어가서 사랑하는 사람에게 선물로 건네며 마음을 위로해 주는 것도 행복하기 때문이야."

"우와! 너희는 정말 훌륭한 마음씨를 지니고 있구나! 나도 너희처럼 자신을 온전히 헌신할 수 있는 마음을 본받고 싶어. 그래서 사람들에게 행복을 선물하는 사람이 되고 싶단다."

"우리를 헌신할 수 있는 모양으로 만들어 주시고 그런 마음을 주신 하나님께 감사해."

얼마가 지났을까요. 화창한 봄날이 되었어요. 화사한 얼굴로 이제 막 피어난 벚꽃잎들에게 향이가 물었어요.

"벚꽃잎들아! 너흰 무얼 그리 몰입하고 있니?"

"응, 우리는 오로지 꽃잎들을 피우기 위해 추운 겨울을 이겨냈단다. 아무리 세찬 바람이 불고 비가 와도 온 마음을 다해 우리가 피어날 봄날을 기대했지. 더 많은 사람들이 오랫동안 우리를 보며 행복할 수 있도록 말이야."

"너희의 인내와 몰입이 우리를 오래오래 행복하게 만들어준다는 사실에 감동했어. 나도 너희처럼 상대방을 기쁘게 해줄 수 있는 사람, 한 가지 일에 몰입할 수 있는 사람이 되고 싶어. 벚꽃잎들아, 새로운 희망을 주어 고마워."

"우리를 화사한 꽃잎들로 만들어주신 하나님께 감사해. 그

리고 사람들에게 행복을 선물해줄 수 있다는 것도 말이야."

태양의 씨앗을 맺는 열정적인 해바라기.
꺾일 준비를 하고 있는 헌신적인 들꽃.
아름다운 몰입으로 사람들을 행복하게 해 주는 벚꽃잎들.

섬세하신 하나님의 손길 가운데
열정과 헌신, 몰입이 담겨있음을 깨닫습니다.
우리에게 이 모든 것을 베풀어 주신 하나님께,
다시 한번 찬양과 감사를 드립니다.

질문과 나눔

🚩 해바라기에게 배운 열정

"해를 잘 바라볼 수 있도록 나에게 큰 키를 주시고,
열정의 마음을 지켜주시는 하나님께 감사해."

묵상 질문
나는 지금 무엇을 가장 뜨겁게 바라보고 있나요?
내 안에 있는 '해바라기 같은 열정'을 지켜주는 힘은 무엇인가요?

감정 키워드
: 갈망, 집중, 기대, 성장

나눔 활동
나의 '해'는 무엇인가요?
그것을 향해 나아가기 위해 내가 키워야 할 태도는 무엇인가요?

기도문
"주님, 저도 해바라기처럼 오직 주님을 바라보며 살고 싶어요.
제 안의 열정을 지켜주시고, 그 열정이 하나님께 영광이 되게 해 주세요."

🔖 들꽃에게 배운 헌신

"우리는 언제든지 꺾일 준비를 하고 있단다.
우리를 꺾어가서 사랑하는 사람에게 선물로 건네며
마음을 위로해 주는 것도 행복하기 때문이야."

묵상 질문
나는 무엇을 위해 '기꺼이 꺾일 수 있는 마음'을 가지고 있나요?
내가 가진 재능이나 시간, 마음 중 나눌 수 있는 것은 무엇인가요?

감정 키워드
: 겸손, 나눔, 희생, 위로

나눔 활동
들꽃처럼 '헌신'을 표현할 수 있는 아래 내용을 적어보세요.

나의 들꽃 묵상

내가 헌신할 수 있는 영역 :

그것이 누군가에게 주는 위로 :

오늘의 작은 결단 :

기도문
"주님, 사랑을 나누는 삶이 가장 아름답다는 걸 배웠습니다.
제가 가진 것을 아낌없이 나눌 수 있는 마음을 주세요."

벚꽃잎들에게 배운 몰입

"아무리 세찬 바람이 불고 비가 와도
온 마음을 다해 우리가 피어날 봄날을 기대했지."

묵상 질문
내가 몰입하고 싶은 일, 하나님께서 나에게 주신 사명은 무엇인가요?
겨울 같은 시간 속에서 꿋꿋이 지켜낸 나의 봄날은 무엇이었나요?

감정 키워드
: 몰입, 희망, 회복, 충실함

나눔 활동
나의 '겨울'은 언제였나요?
그리고 지금 피어난 '봄꽃'은 무엇인가요?

나의 벚꽃 묵상
내가 견딘 겨울 :

그 속에서 키운 기다림 :

피어난 봄의 모습 :

기도문
"주님, 기다림의 끝에 피어난 기쁨을 누리게 하심에 감사합니다.
몰입을 통해 누군가에게 행복을 줄 수 있는 사람이 되게 해 주세요."

🔖 마무리

세 가지 꽃 이야기에서 가장 내 마음에 남은 것은 무엇인가요?

해바라기: 나의 열정은

들꽃: 나의 헌신은

벚꽃잎: 나의 몰입은

제3장

알아차림 :
깨어남의 한 방법이지요

깨어남은 진리의 문을 여는 눈과 같습니다.

이 장에서 우리는 하나님의 사랑 안에서

내면 깊은 곳의 깨달음을 맞이하며,

세상의 소음 속에서도 조용히 들려오는

영원의 속삭임에 귀 기울입니다.

참된 평화와 사랑이 우리 마음을 어루만지고,

삶의 의미를 다시금 새롭게 발견하는 여정을 함께 걸어가 봅시다.

지금 당신은

당신 마음에서 들려오는 소리를

알아차릴 수 있나요?

브라운 씨의 펼치지 못한 책

권은하

일어나라 빛을 발하라
이는 네 빛이 이르렀고
여호와의 영광이 네 위에 임하였음이니라
이사야 60장 1절

브라운 씨는 매우 지쳐있었어요. 그는 공원 벤치에 앉아서 하늘을 쳐다봤어요. 햇살은 반짝반짝 빛나고 있었어요.

'햇살은 저렇게 빛나는데, 내 인생은 온통 어둠이야.'

그는 매일 열심히 살았지만, 그에게 남은 건 지금 입고 있는 옷이 전부였어요. 아무것도 가진 것 없는 빈털터리가 된 그는 두렵고 불안한 마음으로 공원을 둘러봤어요.

공원은 평화롭고 한가로워 보였어요. 나들이 나온 가족, 데이트하는 연인, 운동하는 젊은 사람들, 이야기 나누는 사람들까지. 브라운 씨의 눈에는 모두가 즐겁고 행복해 보였어요. 자신처럼 초라하고 볼품없는 사람은 이 공원에 자신뿐이라고 생각했어요. 그런 생각이 들자 자신이 사라졌으면 좋겠다는 슬픈 생각까지 들었어요.

'이제 나는 어떻게 되는 걸까? 나도 내 인생이 어떻게 될지 모르겠어. 내가 이런 모습으로 여기에 앉아 있다니 상상도 못 한 일이야. 나 같은 쓸모없는 사람이 또 있을까? 난 도대체 여기서 뭘 하는 거지.'

그때 브라운 씨 옆으로 누군가 다가와 앉았어요.

"안녕하세요."

우아한 코트를 입고 멋진 모자를 쓴 신사는 웃으며 브라운 씨에게 인사를 건넸어요. 하지만 브라운 씨는 누군가 자신의 옆에 다가와 인사를 나누는 것조차 귀찮고 싫었어요. 그는 힐끗 쳐다보다 이내 다른 곳으로 시선을 돌려버렸어요.

"안녕하세요."

신사는 브라운 씨가 대답이 없자, 더 큰 목소리로 웃으며 인사했어요. 브라운 씨는 마지못해 작은 목소리로 인사했어요.

"안녕하세요."

"오, 진짜 안녕하세요? 지금 당신의 모습을 보니 안녕해 보이지 않는군요."

신사는 부드러운 목소리로 브라운 씨에게 말을 건넸어요.

"네?"

브라운 씨는 기분이 몹시 나빴지만, 더 이상 말을 해서는 안 될 것 같아 가만히 있었어요.

"무슨 일인지 모르지만, 힘을 내요. 오늘은 힘들어도 내일은 어떤 일이 벌어질지 모르잖아요."

브라운 씨는 마치 자신을 놀리는 듯한 신사에게 화가 나서 소리쳤어요.

"이봐요! 당신이 내 인생에 대해서 뭘 안다고 그러는 거예요. 제발 날 내버려둬요!"

신사는 브라운 씨가 화를 냈지만, 흔들림 없이 말했어요.

"그럼, 나에게 당신의 이야기를 들려줘요. 내가 알고 싶으니까."

브라운 씨는 신사의 말에 황당해하며 쳐다봤어요.

"지금 내 이야기를 해달라는 말인가요?"

"당신이 그랬잖아요. '내 인생에 대해서 뭘 안다고 그러는 거예요'라고…. 그러니 나에게 말해봐요. 당신의 이야기가 듣고 싶어요."

"쳇, 웃기는 소리하고 있네."

브라운 씨는 고개를 휙 돌리고는 자리에서 일어났어요. 그 순간 신사는 브라운 씨의 팔을 잡고 말했어요.

"그러지 말고, 마음을 열어봐요. 당신에게 도움이 필요하다면 도움을 주고 싶어요."

신사의 눈빛은 진실되고 따뜻했어요. 그 눈빛에 브라운 씨는 마음을 열었어요.

"내 인생은 끝났어요. 저의 모습을 보세요. 너무 초라하죠? 만약 인생이 100미터 달리기 시합이라면 전 꼴찌예요. 저 혼자만 뒤처졌어요. 아무리 앞서 달리려고 해도 도저히 따라잡을 수가 없어요."

"그렇군요. 내가 봐도 당신의 인생은 실패한 것 같아요."

신사의 말에 브라운 씨는 순간 화가 났지만, 이내 신사를 쳐다보며 자신의 이야기를 이어갔어요.

"당신 말이 맞아요. 운이 없는 건지, 노력이 부족한 건지. 나에게는 내일이 없어요. 나는 내일 무엇을 해야 할지, 어떤 삶을 살아야 할지 도대체 모르겠어요. 마치 내 인생은 펼치지 못한 책 같아요. 아무리 펼치려고 해도 펼쳐지지 않는 책 말이에요. 답답해요. 노력해도 안 되면 더 노력하면 된다고 하지만 그건 말처럼 쉬운 일이 아니에요. 늘 불안해요. 나의 미래는 어떻게 될지. 나는 욕심도 없어요. 단지 저기 보이는 사람들처럼만 살고 싶은데, 남들처럼 사는 게 제게는 힘든 일이에요."

브라운 씨는 자신의 신세가 너무 처량하다는 생각에 눈물을 흘렸어요. 신사는 그의 어깨를 감싸주며 다독여주었어요.

"처음부터 불가능한 일을 하려니 힘이 들 수밖에요. 잘 생각해봐요. 당신은 남들과 달라요. 그러니 남들처럼 산다는 건 힘든 일이에요. 당신은 당신만의 삶을 살아야 해요. 물론 남들보다 앞서는 삶은 멋져 보이죠. 좋은 집, 좋은 차, 안정적인 일, 많은 돈을 벌고 더 멋진 것들을 추구하며 사는 삶이 좋아 보이죠. 누구나 원하는 삶이에요. 다 그런 삶을 살고 싶어 해요. 아니라고 말하기도 하지만, 마음속 깊은 곳에서 그러한 것들을 갈망하고 꿈꾸죠. 그건 잘못된 일이 아니에요. 누구나가 원하는 삶이니까."

"내 인생은 끝났어요. 지금의 저를 보세요. 나에게는 내일이 없어요. 희망이 없어요. 저는 어떻게 살아가야 할지 모르겠어요."

"내일은 누구에게나 있는 게 아니에요. 오늘 이 하루는 당신에게 주어졌지만. 내일은 당신에게 주어질 수도 있고, 주어지지 않을 수도 있어요. 내일 당신에게 무슨 일이 생길지 그건 아무도 알 수 없죠. 오직 하나님만이 아시겠죠."

"네? 그건 무슨 말이죠?"

브라운 씨는 의아스러운 표정으로 물었어요.

"생각해 봐요. 우리는 당연히 내일이 찾아오리라 생각하지만 그렇지 않아요. 만약 당신이 오늘 죽는다면 내일은 당신에게 없어요. 죽음은 예견되는 일이 아니에요. 누구에게나 죽음의 순간이 다가오지만 죽음이 언제 올지는 몰라요. 절망이 희망으로 바뀌는 순간이 내일 찾아올지도 모르죠. 당신의 인생이 절망으로 가득 차 있다고 불안해하지 말라는 말이에요. 내일은 절망만 있는 게 아니라 희망도 함께 있다는 걸 말해주고 싶군요."

신사를 쳐다보는 브라운 씨의 얼굴은 조금 전과는 다르게 알 수 없는 기대감으로 가득 차 있었어요. 그런 브라운 씨에게 온화한 미소를 지으며 신사는 다시 말을 이어갔어요.

"하나님은 이 세상의 모든 사람을 다르게 빚으셨어요. 같은 모습의 쌍둥이도 자세히 들여다보면 달라요. 그저 평범하게 남들처럼 살고 싶다는 말을 사람들은 하지만 사실 자세히 들여다보면 같은 인생을 사는 사람은 아무도 없어요. 분명한 건 하나님은 남들과 비슷한 인생이 아니라 특별한 당신만의 인생을 살기를 바라신다는 겁니다. 기준을 달리해 봐요. 남들보다 느리다고 해서 나쁠 것도 없어요. 남들보다 초라한 모습이라고 해서 기죽을 필요도 없어요. 남들보다 약하다고 해서 슬퍼할 것도 없어요. 남들이 당신 삶의 기준이 되지 않으면 문제가 되지 않아요. 하나님은 당신의 삶의 기준이 무엇이길 바랄까요?"

신사의 물음에 브라운 씨는 답을 찾기 위해 생각했어요

"글쎄요. 하나님은 삶의 기준을 나에게서 찾기를 바라고 계신 걸까요?"

신사는 환하게 웃으며 고개를 저었어요.

"아니요. 하나님은 당신의 삶의 기준을 하나님께 맞추기를 원하십니다. 당신이 이루고 싶은 꿈과 당신이 가지고 싶은 세상의 물질보다 가진 것이 없어도 삶의 기쁨을 하나님께 찾으면서 세상을 선하고 아름답게 바라보길 원하세요."

브라운 씨의 얼굴에는 두려움과 불안이 사라지고 그의 눈동자는 햇살보다 더 빛나고 있었어요.

"자, 눈을 감고 머릿속으로 펼쳐지지 않는 책을 이제 한번 펼쳐보세요. 조심스럽게 책의 첫 페이지를 펼치면 뭐가 보이나요?"

브라운 씨는 눈을 감은 채 신사가 시키는 대로 했어요. 그리고 떠오르는 모습을 말했어요.

"첫 페이지는 아무것도 보이지 않아요. 그냥 하얀색 종이만 있어요."

"그래요. 첫 페이지에는 아무것도 없어요. 당신의 내일은 그냥 하얀색에요. 그곳에 절망이라는 글자를 쓸지, 희망이라는 글자를 쓸지 선택해 보세요. 기억하세요. 당신의 손에는 연필만 있지 않아요. 당신의 손 위에는 하나님의 손도 함께 포개져 있어요."

브라운 씨의 눈에는 눈물이 흐르고 있었어요. 그리고 조심스레 눈을 떴어요. 브라운 씨는 혼자였지만 이전과 같은 초라한 모습이 아니었어요. 어딘지 모르게 당당해 보였어요.

이야기 나눔

질문 1 신사에 대한 브라운 씨의 첫인상은 어땠나요?

질문 2 이 이야기에서 가장 인상 깊었던 장면은 어디였나요?

질문 3 당신이 브라운 씨라면, 어떤 마음으로 벤치에 앉아있었을 것 같은가요?

함께 나누기

내가 다시 펼치는 인생의 첫 페이지
앞으로 나의 인생에 어떤 제목을 붙이고 싶은가요?
글이나 낙서, 색깔로 자유롭게 표현해보세요.

적용과 기도문 쓰기

미션 이번 주 안에 등장인물 속 신사가 되어 누군가에게 다가가기.

나의 기도문 쓰기
하나님께 지금의 마음을 그대로 적어보세요. (두려움, 기대, 슬픔, 감사 등 어떤 감정이든 솔직하게 표현해 보세요.)

갈색이의 기도, 핑크빛 응답

김애자

여호와는 마음이 상한 자를 가까이 하시고
충심으로 통회하는 자를 구원하시는도다
시편 34편 18절

갈색이는 엄마를 닮아 말이 없고 내향적인 아이였지요. 엄마의 사랑을 많이 받았던 갈색이는 63세에 세상을 떠난 엄마가 무척 그리웠답니다.

엄마를 생각하면 자꾸만 눈물이 났어요.

엄마가 떠나고 외로웠던 갈색이는 30살이 가까워진 나이에 결혼을 하게 되었어요. 몸이 약했던 갈색이는 둘째 아이를 낳고 몸이 많이 아팠지요. 가까운 교회도 나가지 못할 정도로 말이에요. 아픈 몸 때문에 정신과 육체는 시간이 갈수록 피폐해져만 갔지요.

갈색이는 많이 우울했답니다. 꿈도 희망도 사라지고 말았어요. 갈색이는 생각했어요.

'나의 삶은 더 이상 희망이 없는 걸까?'

'나는 이렇게 끝나는 건가?'

이렇게 부정적이고 불안한 생각들이 수도 없이 찾아와 머릿속을 온통 검은 빛으로 물들여 놓았어요.

"하나님 제발 나를 좀 살려주세요."

"내가 일어서서 건강한 몸으로 생활할 수 있게 해주세요."

"걸어 다닐 수 있게 해주세요."

"저를 고쳐주시면 그 은혜 평생 잊지 않고 일생을 바쳐 하나님께 헌신하며 살겠습니다."

갈색이의 기도는 울부짖음이었고 절규였답니다.

그러던 어느 날 갈색이는 하나님을 만나게 되었지요. 하나님은 갈색이의 아픈 몸과 마음을 치료해 주셨답니다. 갈색이의 기도를 기적처럼 들어주신 거지요. 병을 치유하는 은사를 받은 목사님께 갈색이를 인도해 주셨고, 그곳에서 인격적으로 하나님을 만나면서 병도 치료받았답니다.

하나님은 갈색이에게 손을 내미셨고, 치료도 해주셨지요. 갈색이는 이제 꿈과 희망도 생겼답니다. 하나님을 만나면서 갈색으로 물들었던 삶이 핑크빛으로 변화되어 갔어요.

하나님과 함께하는 삶은 새로운 소망을 꿈꾸게 했어요. 하나님이 존재하는 곳에는 기적도 함께 한다는 사실도 깨닫게 되었지요. 갈색이는 이제 외롭지 않아요. 육신의 질병은 갈색이를 고통 속으로 몰아넣었지만, 고통을 통해서 마음근육이 단단해지는 소중한 자산이 되기도 했어요.

병 고침을 받고 난 이후 갈색이의 삶은 열정적으로 변했고

어떤 일이든 할 수 있다는 자신감도 생겼으니까요. 가끔씩 힘들고 버거워서 울고 싶을 때도 있었지만 하나님께 기도할 때, 하나님은 위로해 주시며 토닥여 주셨답니다. 그래서 갈색이는 하나님과 함께 하는 삶은 평안의 삶이며, 감사의 삶이라는 것도 알게 되었어요.

어두운 터널에 갇혀 하나님을 부를 때, 외면치 않으시고 나를 찾아와 주신 하나님, 당신이 계시기에 불안함도 두려움도 극복하고 소망 가운에 살아갈 수 있음에 감사합니다.

삶의 그림자 속에서

생각해 보기
내 삶에서 외로움이나 아픔을 경험했던 순간은 언제였나요?
나는 그때 어떤 마음을 가졌고, 어떻게 반응했나요?

🔖 기도라는 절규

본문 요약 : 갈색이는 삶의 끝에서 하나님께 울부짖는 기도를 드림

생각해 보기
나도 하나님께 간절히 기도했던 순간이 있나요?
기도를 통해 어떤 응답이나 위로를 경험했나요?

🔖 기적 같은 만남

본문 요약 : 하나님을 인격적으로 만난 갈색이, 신유와 회복의 경험

생각해 보기
하나님이 나를 만져주셨다고 느낀 순간은 언제였나요?
내가 겪은 기적 같은 일은 어떤 것이었나요?

🔖 핑크빛으로 물든 삶

본문 요약 : 어둠에서 빛으로, 무기력에서 열정으로 변화된 갈색이의 인생

생각해 보기
하나님을 만난 후 내 삶에 어떤 변화가 있었나요?
감사함을 표현할 수 있는 삶의 영역은 어디인가요?

여기에 있어

백미정

내가 네게 명령한 것이 아니냐
강하고 담대하라 두려워하지 말며 놀라지 말라
네가 어디로 가든지 네 하나님 여호와가 너와 함께 하시니라
여호수아 1장 9절

회색이는 너무 조용하거나 너무 재밌거나 한 아이였어요. 혼자 있는 시간이 좋기도 하고 싫기도 했어요. 그리고 친구들이 자신의 우스꽝스러운 말과 행동을 보며 재미있어 하는 것이 좋았어요. 사랑받고 있다는 생각이 들었거든요. 그래서 자신의 진짜 성격이 어떠한지 몰랐고 마음의 소리가 잘 들리지

않았어요.

'내일 또 엄마 아빠가 싸우면 어떻게 하지?'

'엄마가 날 버릴지도 몰라.'

'하나님은 나 같은 사람도 좋아하실까?'

회색이의 가슴 속에는 늘 작고 떨리는 돌멩이 하나가 있었
어요. 그건 불안이라는 감정이었습니다. 그 돌멩이는 블랙홀
같았던 엄마의 한숨 소리, 괴물 같았던 아빠의 큰 소리와 함께
회색이 혼자 남겨진 방 한 칸에서 조금씩 더 무거워졌어요.

회색이는 어느 날, 친구를 따라 교회에 가게 되었어요. 그리
고 교회 선생님에게 자신의 아픈 마음을 편지로 고백했어요.

'하나님께서는 너를 사랑하신단다.'

교회 선생님의 따스한 답장에 회색이는 크림색으로 변하고
있었지요.

'부모님을 위해 기도해야지.'

'하나님께서 나를 불러주신 것은 은혜야.'

'글을 쓸 수 있어서 참 감사해.'

회색이에게 평안이라는 감정이 다가오는 순간들이었어요.

회색이는 여전히 버림받을까 봐 불안했고, 너무 조용하거나 너무 재미있는 아이였어요. 하지만 이제는 그 불안을 토닥이며 말할 수 있게 되었어요.

"괜찮아, 평안도 여기에 있어."

회색이는 이제 알게 되었어요. 그 불안을 안고도 사랑받고 있다는 걸 믿을 수 있는 존재가 바로 자신이라는 것을요.

 이야기 요약해 보기

이야기를 읽고, 기억에 남는 내용을 짧게 정리해 보세요.
회색이는 어떤 아이였나요?
회색이가 느낀 감정은 무엇이었나요?
회색이는 어떻게 평안을 만나게 되었나요?

 감정 공감하기

회색이의 감정 변화 알아보기

장면	회색이의 감정	내 감정은 어땠을까?
혼자 있을 때		
부모님이 싸울 때		
선생님의 편지를 받았을 때		

나는 언제 불안을 느끼나요?
불안할 때 나는 어떤 생각을 하나요?
하나님은 그런 나를 어떻게 바라보실까요?
회색이처럼 평안을 느낀 순간은 언제였나요?

■ 기도문 써 보기

하나님께 내 마음을 적어 보세요.
예) 하나님, 저도 가끔 회색이처럼 불안해요. 그럴 때마다….

나의 문장 쓰기

회색이처럼 나도 내 감정을 글로 적어봐요.

내 마음속엔 ＿＿＿＿＿＿＿＿＿＿＿＿＿라는 돌멩이가 있어요.

하지만 ＿＿＿＿＿＿＿＿＿＿＿＿＿라고 생각하며 평안을 느끼

기도 했어요.

함께 나눠요

서로의 글을 나누고, 응원해 주어요.
"네 마음이 참 소중하구나."
"하나님이 너와 함께 계셔."

하늘을 닮아 가는 파랑이

신시옥

수고하고 무거운 짐 진 자들아 다 내게로 오라
내가 너희를 쉬게 하리라
마태복음 11장 28절

파랑이는 부지런하고 활발한 아이였어요. 시골에서 자라며 소 풀베기, 고추 따기, 심부름을 잘한다고 늘 칭찬을 들었지요. 친구들과 놀고 싶을 때도 꾹 참고 칭찬받고 싶어 더 열심히 부모님의 일을 거들었답니다.

"내가 일을 안 하고 놀면 부모님께서 칭찬은커녕 꾸지람하시지 않을까?"

파랑이의 가슴속에는 늘 멍울이 있었어요. 파랑이는 큰 오빠 대학 등록금을 마련하느라 힘들게 일하시는 부모님의 모습을 지켜보면서 늘 마음이 아팠어요. 그래서 돈을 벌면 부모님을 호강시켜 드리고 싶다는 꿈을 꾸었어요.

어느 날 파랑이는 자유 교양대회에 나가 군에서 우수상을 받고 도 대회까지 나가게 되었어요. 그때 지도해 주시던 김홍준 선생님을 통해 하나님의 존재를 어렴풋이 알게 되었지요.
파랑이는 꿈꾸던 대로 부모님 곁을 떠나 타지에서 여자 상업고등학교를 다녔어요. 외로울 때 새벽마다 울리던 교회 종소리가 천상의 소리처럼 들렸어요.

어느 봄날 부활주일, 파랑이는 친구를 따라 교회에 나갔어요. 하나님이 파랑이를 불러주셨지요. 파랑이는 하나님 말씀을 듣고 기도하는 게 즐거워졌어요. 하나님께서 주시는 능력과 지혜로 열심히 공부를 했답니다.
그래서 졸업 후에는 대기업 경리부에 취직해서 부모님께 경제적인 도움을 드릴 수 있는 사람이 되었지요. '효녀심청'이라는 별칭까지 얻은 파랑이는 하늘의 파랑이 된 것만 같았어요.

어른이 된 파랑이는 여전히 인정받지 못할까 봐 불안해하고 있어요. 그래서 어디에서든지 일을 하고 있어야만 마음이 편했어요.

하지만 이제는 그 불안을 토닥거리며 말합니다.

"그동안 열심히 잘 살아줘서 고마워.

이제는 일만 하지 말고 쉬어가도 돼. 너는 소중하니까."

파랑이는 알게 되었어요. 하나님은 자신을 있는 그대로 사랑하고 인정해 주신다는 사실을요. 부모님 그리고 형제자매들도 말이에요.

🚩 나를 돌아보기

질문 어릴 적 나는 어떤 아이였나요?

쓰기 "나는 인정받기 위해 _____을 했어요."

나눔 가장 기억에 남는 '칭찬'은 무엇이었나요?

🚩 마음의 멍울 마주하기

질문 파랑이처럼 내 마음속에 있는 '멍울'은 무엇인가요?

나눔 그 멍울이 생긴 이유를 적어보세요.

🚩 하나님을 만난 순간

질문 내가 하나님을 처음 의식했던 순간은 언제였나요?

쓰기 "나는 하나님을 _____에서 만났어요."

나눔 부활주일 혹은 신앙의 첫 기억을 도화지에 그림으로 표현하기

🚩 **이제 나를 안아주기**

질문 지금의 나는 어떤 위로가 필요하다고 느끼나요?

쓰기 "그동안 열심히 살아온 나에게 편지 쓰기"

나눔 내가 들었던 가장 따뜻한 말은 무엇인가요?

🚩 **감사 저널**

미션 나를 사랑하시는 하나님께 감사 3가지 적기

제목: '파랑이의 하늘빛 일기장'

1. _____

2. _____

3. _____

참된 평화

유명순

그리스도를 경외함으로 피차 복종하라
에베소서 5장 21절

"엄마!"

그린이의 어린 아들은 동화책을 들고 와 읽어 달라 했어요. 그린이는 아들과 함께 하하 호호 웃으며 미래의 따뜻한 꿈을 그려 나갔어요.

20대 후반, 그린이는 아들을 양육하며 기도로 하루를 시작했고 웃음과 감사가 가득한 삶을 살았어요. 하지만 남편은 직장 생활에 지쳐 가끔 친구들과 술을 마신 뒤, 자전거를 타고

위험하게 퇴근하곤 했지요. 그린이는 그런 남편을 이해하지
못했어요.

'아니, 교회 다니는 사람이…. 그것도 아들을 키우는 아빠
가…. 술이라니?'

속이 상한 그린이는 퉁명스러운 말로 남편에게 상처를 주
었고, 은밀히 정죄하고 있었어요.

그린이는 옳고 그름을 따지는 데 익숙했고, 문제를 어떻게
풀어가야 할지, 지혜로운 대처 방법은 부족했어요.

'몸이 상하는 걸 뻔히 알면서도 왜 그럴까?'

'당신이 하나님의 성전이라면, 술을 멀리해야지.'

화가 치밀어 오를 때마다 그린이는 속으로 말했어요. 하지
만 동시에 이렇게 고백하기도 했어요.

"그래도 당신은 하나님의 사랑받는 아들이에요."

그린이의 이런 반응에는 어릴 적 상처가 깊이 자리하고 있
었어요. 꽃이 만개하던 어느 봄날, 엄마의 마음에는 여전히
겨울이 머물고 있었지요. 갑작스러운 교통사고로 큰아들을
잃은 엄마는 그 슬픔을 이기지 못하고 술에 의지했어요.

어느 날, 술에 취해 길에 쓰러진 엄마는 경찰의 부축을 받
고 집으로 돌아왔고, 그 모습을 본 열세 살의 그린이는 덜덜

떨며 두려움에 얼어붙고 말았어요. 그때의 상처는 마음속 깊은 곳에 고스란히 남아 있었죠.

그러던 어느 날, 하나님은 그린이의 굳은 마음을 어루만지셨어요. 남편의 마음을 이해할 수 있는 눈을 열어주시고, 그가 건강한 교우들과 가까이 지낼 수 있는 환경도 열어주셨지요.

"내가 술을 끊으니 당신이 이렇게 기뻐할 줄 몰랐어. 진작 끊지 못해서 미안해."

남편의 진심 어린 사과에 그린이의 눈가에도 눈물이 고였어요. 하지만 변화는 쉽게 굳어지지 않았어요. 1년은 잘 지내다가도, 연말이 되면 여러 가지 이유로 다시 술을 마시는 일

이 반복되었어요. 그때, 초등학교 3학년 아들이 아빠에게 편지를 썼지요.

"아빠, 어버이 주일이에요. 공장에서 일하시다 스트레스 쌓여도 술은 드시지 마세요. 하나님과 예수님이 슬퍼하시잖아요. 아빠는 집사님이시고 남전도회 부회장이시잖아요."

아들의 글을 읽던 남편은 눈물을 참지 못하고 흐느꼈고, 하나님 앞에 진심으로 회개했어요. 그리고 마침내 그는 술을 끊게 되었어요. 찬양 가운데 주님을 만나고, 예배 속에서 하나님의 사랑을 다시금 깨닫게 되었지요.

그린이는 간절히 기도했어요. 우리 가정이 주의 자녀답게 살아갈 수 있도록, 남편을 향한 말 한마디도 주께 하듯 복종의 언어로 바꾸며 섬기고, 또 사랑하게 해달라고요.

하나님은 그 기도에 응답해 주셨어요. 그린이는 자신을 낮추고, 남편에게 쉼이 되는 넓은 들판의 잔디처럼 부드럽게 품을 수 있게 되었어요.

지금도 그린이는 하나님의 은혜에 감사하며 찬양을 드리고 있어요. 하나님이 주신 약속의 말씀을 붙잡고, 가정이 주의 성전이 되도록 기도합니다. 그리고 이제는 자신과도 마주하며 이렇게 다정하게 말해줘요.

"그린아, 참 잘했어. 하나님은 너를 사랑하셔. 네 기도를 들으시고 항상 함께하시잖아."

가뭄 속에서도 무릎 꿇었던 엘리야처럼 그린이는 오늘도 주님을 부르짖습니다. 하나님 앞에 무릎 꿇고 기도하는 모습, 그것이 진짜 '그린이'임을 알게 되었어요.

주의 말씀과 기도로 가정이라는 성전을 견고히 세워나가며, 그린이는 오늘도 하늘을 바라보며 믿음으로 걸어갑니다.

내가 마주한 아픔의 뿌리

본문 발췌 어린 시절의 상처(엄마의 술, 두려웠던 기억)

질문 어린 시절 내가 경험했던 가장 두려웠던 기억은 무엇인가요?
그 기억이 지금의 관계에 어떤 영향을 미치고 있을까요?

묵상 말씀 상심한 자들을 고치시며 그들의 상처를 싸매시는도다
시편 147편 3절

🚩 사랑받는 존재로 보기

본문 발췌 "그래도 당신은 하나님의 사랑받는 아들이에요."

질문 가족 중 내가 정죄하거나 판단했던 사람은 누구인가요?
그 사람을 하나님의 시선으로 다시 본다면 어떤 변화가 일어날까요?

묵상 말씀
너희 몸은 너희가 하나님께로부터 받은 바
너희 가운데 계신 성령의 전인 줄을 알지 못하느냐
너희는 너희 자신의 것이 아니라 값으로 산 것이 되었으니
그런즉 너희 몸으로 하나님께 영광을 돌리라
고린도전서 6장 19절~20절

🚩 회개와 변화의 기적

본문 발췌 아들의 손편지와 남편의 회개

질문 우리 가정에서 일어난 기적 같은 순간은 언제였나요?
회개의 순간을 통해 나와 가족은 어떻게 변화되었나요?

묵상 말씀
의인의 간구는 역사하는 힘이 큼이니라
야고보서 5장 16절

📑 복종의 언어, 사랑의 행동

본문 발췌 '주께 하듯 복종의 언어로 남편을 섬기며…'

질문 내가 말과 행동으로 가족에게 주는 영향은 어떤가요?
'주께 하듯' 사랑하고 섬긴 경험을 나눠보세요.

묵상 말씀

그리스도를 경외함으로 피차 복종하라
에베소서 5장 21절

📑 기도로 세워가는 성전

본문 발췌 엘리야처럼 무릎 꿇는 기도자

질문 나는 가정을 위한 중보자로서 어떤 기도를 올리고 있나요?
지금 나의 기도가 하나님 나라에 어떻게 쓰이길 바라고 있나요?

묵상 말씀

엘리야가 갈멜 산 꼭대기로 올라가서
땅에 꿇어 엎드려 그의 얼굴을 무릎 사이에 넣고
열왕기상 18장 42절

하얀 사랑

이순자

여호와의 말씀이니라
너희를 향한 나의 생각을 내가 아나니
평안이요 재앙이 아니니라
너희에게 미래와 희망을 주는 것이니라
예레미야 29장 11절

하얀이는 아주 적극적이고 승부근성이 강한 아이였어요. 혼자 있을 때 외로움을 느끼기도 해서 친구들과 노는 것을 좋아했지요.

열다섯 살이 되던 해, 하얀이는 공부를 할 수 있다는 단 하나의 기회를 붙잡고 부산으로 오게 되었어요. 그 후 하얀이는 늘 바쁘게 움직이며 부지런히 공부했답니다.

하얀이는 생각했어요.

'우리 집은 왜 이렇게 가난한 거야?'

'내가 학교에 가고 싶을 때 마음껏 갈 수 있다면 얼마나 좋을까?'

'일을 하면서 끝까지 공부를 잘할 수 있을까?'

'나도 하나님의 자녀가 될 수 있을까?'

불안한 마음이 하얀이의 가슴 속에서 꿈틀거리고 있었지요. 어린 나이에 회사를 다니며 일한다는 건 쉬운 일이 아니었어요. 가끔씩 울컥하는 감정이 솟아나기도 했어요.

하지만 하얀이는 공부하고 싶은 마음을 품고 감정을 꾹꾹 눌러 참기로 했어요. 가끔은 옥상에 올라가서 엄마를 그리워하며 혼잣말을 하기도 했지요.

"엄마, 엄마, 보고 싶어요⋯."

어느 날 하얀이는 친구를 따라 등산을 가게 되었어요. 시골에서 자란 하얀이는 산을 오르는 일이 무척 즐겁고 기뻤어요. 주말마다 산을 오르다 보니 마음이 조금씩 단단해졌지요.

친하게 지내던 친구가 복음에 대해 이야기해 주었어요.

"하얀아, 주말에 산에 가는 것도 좋지만 주일에는 교회에 가서 예배드려 봐. 하나님은 네 마음을 다 아시고, 네가 바라는 것을 이루어 주실 거야."

"정말? 교회 가서 하나님께 기도하면 내가 바라는 걸 들어주시는 거야?"

"그럼! 하나님은 우리의 기도에 응답하시는 분이야."

그때부터 하얀이는 기도하기 시작했어요. 마음이 불안할 때마다 하나님께 간절히 기도했지요.

"하나님, 저 공부해서 훌륭한 사람이 되고 싶어요. 엄마에게 기쁨을 드리는 딸이 되고 싶어요. 지혜와 믿음을 주세요."

기도할 수 있다는 것이 하얀이에겐 너무 신나고 기뻤어요. 하루 종일 일을 하고 나면 피곤했지만, 금새 피곤함을 잊고 열심히 공부했답니다.

세월이 흘러 하얀이는 유치원 선생님이 되었어요. 아이들과 함께 놀며 즐겁게 일했어요. 여전히 혼자라는 외로움을 느끼기도 했지요.

"하얀아, 괜찮아. 너에겐 좋으신 하나님이 계시잖아. 넌 혼자가 아니야. 너는 하나님의 자녀야. 기뻐하고 즐겁게 살아 봐."

하얀이는 스스로에게 조용히 말하며 마음을 토닥였어요.

이제는 외롭고 불안한 마음을 억지로 없애려 하지 않아요.
그 감정들마저 품어주며 살아가기로 했지요. 부정적인 생각
보다 긍정적인 생각을 더 많이 하며, 희망이와 손잡고 살아가
려 노력한답니다.

그리고 하얀이는 알게 되었어요. 자신이 하나님께 사랑받
는 존재라는 것을요. 하나님과 동행하는 삶이 얼마나 큰 복이
고 기쁨인지도 알게 되었어요. 이제는 하나님의 자녀로서 귀
한 존재라는 것을 경험하며 살고 있어요.

외로움 속에 핀 꿈

본문 요약 하얀이는 공부를 위해 어린 나이에 홀로 부산으로 올라와 힘든 삶을 시작함

생각 나눔 어린 시절 내가 꾸었던 꿈은 무엇이었나요?
외로웠던 그 시절의 나에게 어떤 말을 건네주고 싶은가요?

산길 위의 기도

본문 요약 등산을 통해 마음을 다지고, 친구를 통해 복음을 접하게 된 이야기

생각 나눔 당신에게 복음을 처음 전해준 사람은 누구인가요?
기도를 처음 시작하게 된 계기를 떠올려 보세요.

🔖 하나님의 자녀가 된 나

본문 요약 기도를 통해 마음이 단단해지고 삶의 의미를 찾아간 하얀이

생각 나눔 오늘 하루 '하나님의 자녀'로서 감사했던 일을 적어보기
내가 다른 이들에게 복음을 전할 수 있는 방법 고민해 보기

🔖 혼자여도 혼자가 아닌 삶

본문 요약 여전히 외롭지만 하나님을 알기에 두렵지 않다는 하얀이의
고백

생각 나눔 내 마음속 외로움을 어떻게 하나님께 맡기고 있나요?
지금 내 곁에 하나님이 계신다는 증거는 무엇인가요?

🔖 나의 기도, 나의 이야기

기도문 쓰기
내가 하나님께 드리고 싶은 감사
불안하고 두려운 마음을 내어놓는 기도
앞으로 하나님의 자녀로서 살아가고 싶은 다짐

보라의 회복

전 숙 향

내 형제들아 너희가 여러 가지 시험을 당하거든
온전히 기쁘게 여기라
야고보서 1장 2절

보라는 주님을 만난 후 가장 열정적으로 신앙생활을 했던 시기가 있었어요. 서울에서 분당, 분당에서 경기도 화성으로 이사한 후에도 다니던 교회를 여전히 다녔지요. 화성, 수원, 용인, 성남을 거쳐 서울까지, 어떤 날은 새벽예배로 하루에 두 번씩 오가기도 했어요. 온몸과 마음을 다해 기쁘게 헌신했던 은혜의 날들이었지요. 하지만, 그때가 보라의 인생에서 가장 힘든 고난의 시기이기도 했어요. 그렇게 열심히 신앙생활을 하고 있던 어느 날, 문득 알 수 없는 공허함이 밀려왔어요.

'난 세상에서 아무것도 이룬 것이 없구나.'

'하나님이 정말 나를 책임져 주실까?'

'지금 이렇게 살아도 괜찮은 걸까?'

믿음에 대한 질문들이 꼬리를 물었고, 마음속에 묻어 두었던 상처들이 고개를 들었지요. 특히, 보라를 힘들게 했던 사람들을 미워하는 마음이 커졌어요. 젊은 시절 꿈꿨던 '세상의 성공'과는 거리가 먼 자신의 모습을 발견했기 때문입니다.

세상적인 욕심을 온전히 끊어내지 못했던 보라는 하나님 앞에 엎드려 기도하기 시작했어요. 그러자 놀랍게도, 미움과 원망의 기도가 어느 순간 소망과 축복의 기도로 바뀌었어요. 그건 결코 보라의 의지로 된 일이 아니었어요. 하나님께서 기도의 내용을 바꾸시고, 담대한 마음까지 주신 것이지요. 보라는 드디어 하나님 앞에 진실하게 고백할 수 있었어요.

"하나님, 제 힘으로 할 수 있는 게 하나도 없습니다. 입으로는 주님께 맡긴다고 말했지만, 제 인생의 주인은 여전히 저였습니다."

보라는 자신의 잘못을 인정하며 진정으로 회개했고, 그제야 어떤 고난도 하나님의 뜻 안에 있는 계획임을 깨닫게 되었습니다.

여전히 보라는 연약하고 보잘것없는 존재입니다. 가끔 불안이 불쑥 찾아오고, 초조함이 문을 두드릴 때가 있지요. 하지만 보라는 이제 고난의 시간이 가장 아름다운 때임을 알게 되었습니다. 매 순간 하나님이 함께하신다는 믿음, 그리고 순종의 삶을 기뻐하신다는 진리를 마음에 새겼어요.

그 후 보라는 '말씀공동체'로 옮겨, 온 가족이 함께 신앙생

활을 하게 되었어요. 매일의 삶을 말씀으로 해석하며 한 걸음씩 말씀 속으로 더욱 가까이 가는 자신을 보며 감사하게 되었어요. 불안이 평안으로, 초조함이 감사로 바뀌는 중보기도의 능력도 경험했지요. 지금 보라는 무엇보다 하나님의 말씀이 들리게 된 것에 깊이 감사하고 있답니다.

미움이 축복의 기도로

말씀 묵상 악에게 지지 말고 선으로 악을 이기라
로마서 12장 21절

나눔 질문 나를 힘들게 했던 사람은 누구인가요?
그 사람을 생각할 때 지금 어떤 감정이 드나요?
기도 중에 미움이 축복으로 바뀐 경험이 있다면, 그 이야기를 나눠보세요.
하나님은 왜 우리가 미움을 내려놓고 축복하기를 원하실까요?

📑 진짜 주인을 고백하다

말씀 묵상

너는 마음을 다하여 여호와를 신뢰하고
네 명철을 의지하지 말라
너는 범사에 그를 인정하라
그리하면 네 길을 지도하시리라
잠언 3장 5절~6절

나눔 질문 지금 내 인생의 주인은 누구인가요?
'내가 주인 되었던 삶'과 '하나님이 주인 되신 삶'의 차이는 무
엇이라고 생각하나요?
하나님께 온전히 맡기지 못하고 있는 영역이 있다면 무엇인
가요?

📑 고난의 시간은 은혜의 시간

말씀 묵상

우리가 알거니와 하나님을 사랑하는 자
곧 그의 뜻대로 부르심을 입은 자들에게는
모든 것이 합력하여 선을 이루느니라
로마서 8장 28절

나눔 질문 지금 겪고 있는 고난이나 어려움이 있나요?
그 고난 속에서 하나님의 손길을 느껴본 적이 있나요?
내가 겪은 고난이 누군가에게 어떻게 위로가 될 수 있을까요?

🚩 불안이 평안으로

말씀 묵상

아무 것도 염려하지 말고
다만 모든 일에 기도와 간구로
너희 구할 것을 감사함으로 하나님께 아뢰라
그리하면 모든 지각에 뛰어난 하나님의 평강이
그리스도 예수 안에서 너희 마음과 생각을 지키시리라
빌립보서 4장 6절~7절

나눔 질문 나를 가장 불안하게 만드는 상황은 어떤 것인가요?
평안은 어떻게 찾아오는 것일까요?
기도와 말씀을 통해 불안을 내려놓은 경험이 있다면 나눠 보세요.

🚩 말씀이 들리기 시작하다

말씀 묵상

하나님의 말씀은 살아 있고 활력이 있어
좌우에 날선 어떤 검보다도 예리하여
혼과 영과 및 관절과 골수를 찔러 쪼개기까지 하며
또 마음의 생각과 뜻을 판단하나니
히브리서 4장 12절

나눔 질문 하나님의 말씀이 '들린다'고 느꼈던 경험이 있나요?
지금 내 삶에서 꼭 붙들어야 할 하나님의 말씀은 무엇인가요?

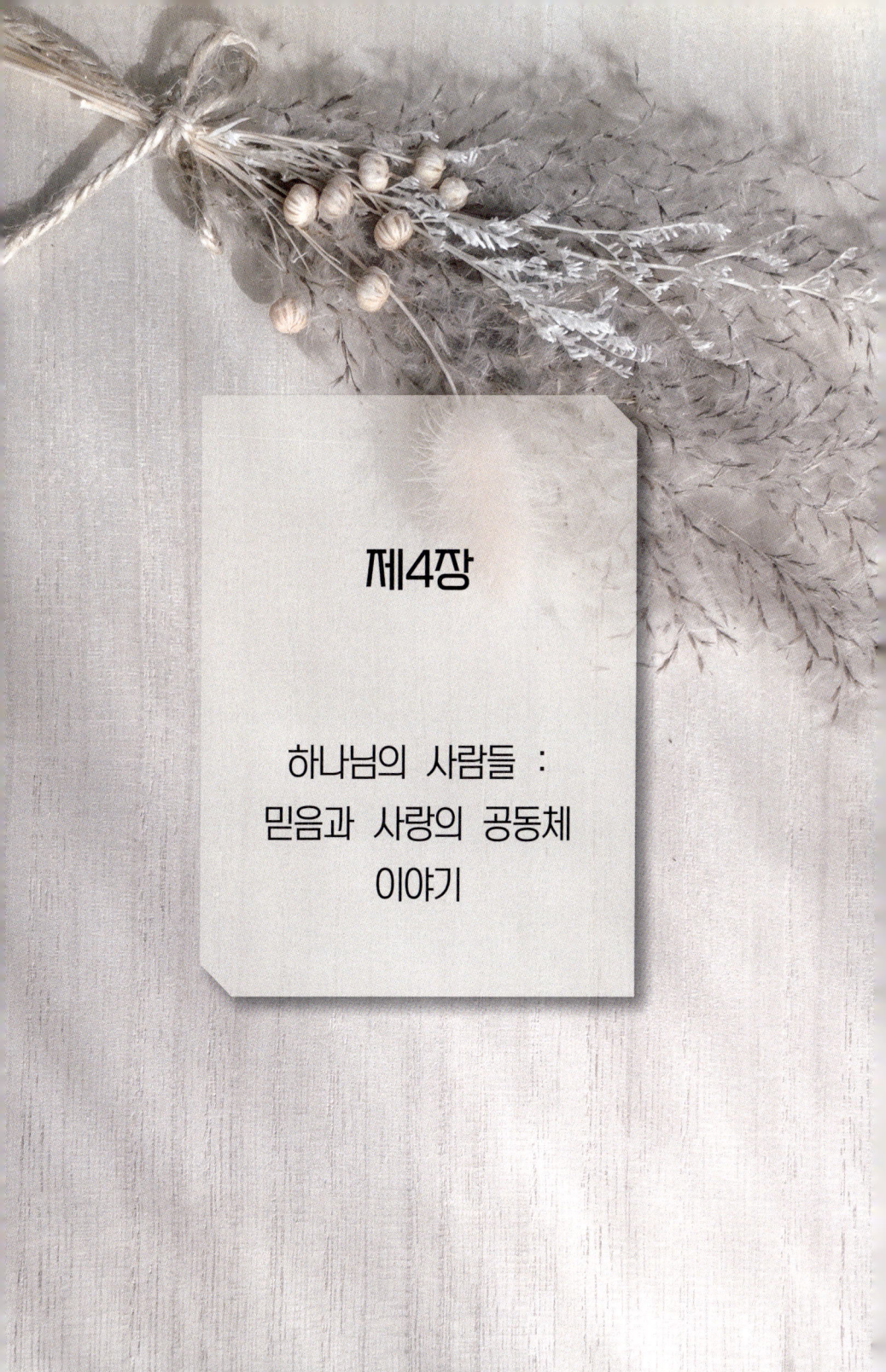

제4장

하나님의 사람들 :
믿음과 사랑의 공동체
이야기

하나님의 사람들은 믿음의 끈으로 묶여 서로를 세우고
사랑으로 함께 걸어갑니다.
이 장에서는 신앙 안에서 피어나는
진실한 만남과 연결의 이야기를 만날 수 있습니다.
각자의 자리에서 힘들고 지칠 때도,
하나님 안에서 하나 된 공동체의 따뜻한 품이 되어
서로에게 빛이 되고 위로가 되는 귀한 순간들이 펼쳐집니다.

지금 여러분은
누군가에게 믿음의 공동체가 되어 주고 계신가요?

도둑에게 건넨 가장 소중한 보물

권은하

새 계명을 너희에게 주노니 서로 사랑하라
내가 너희를 사랑한 것 같이 너희도 서로 사랑하라
너희가 서로 사랑하면 이로써 모든 사람이
너희가 내 제자인 줄 알리라
요한복음 13장 34절~35절

누군가를 위해 기도해 달라는 나의 부탁에 목사님은 의아해하며 말했습니다.

"지난밤에 있었던 일을 자세히 이야기해주시겠습니까?"

나는 잠시 기억을 더듬으며 말을 시작했습니다.

"저는 잠을 자기 위해 침대에 누워있었어요. 그런데 갑자기 뭔가 쾅 하더니 문을 여는 소리가 들려서 벌떡 일어났습니다. 그리고 불을 켜고 보니 내 앞에는 도둑이 서 있었습니다. 놀라서 기절할 정도였습니다."

"그럼 그때 도둑을 맞닥뜨렸군요?"

"네, 겁에 질린 나는 아무 말도 못 하고 그 자리에 주저앉아 버렸어요. 그러자 도둑이 나에게 돈 되는 것만 주면 조용히 나가겠다고 했습니다. 하지만 저에게는 돈이 될만한 게 없었어요."

나는 말을 할수록 마치 그날 밤으로 돌아간 기분이 들었습니다.

"전 아무것도 가진 게 없습니다. 이미 오래전 회사에서 해고를 당하고 지금은 겨우 굶지 않을 정도로 살아가고 있습니다."

나는 놀란 마음을 진정시키고 도둑에게 현재 나의 경제적인 상황을 설명했습니다. 처음에는 너무 떨렸지만, 시간이 지날수록 정신을 차릴 수 있었어요. 그리고 좀 더 현명하게 대처를 해야 한다는 생각이 들었습니다.

"뭐? 그래도 이제까지 벌어 놓은 건 있을 거 아냐? 당장 돈을 내놓지 않으면 가만 안 둘 거야!"

돈이 없다는 나의 말에 도둑은 당황하며 막무가내로 소리만 쳤습니다. 그러다 갑자기 내 방을 뒤지기 시작했습니다. 하지만 아무리 뒤져도 값나가는 물건이 보이지 않자, 도둑은 나를 무섭게 쏘아보았습니다.

"숨긴 거 다 알고 있으니까 좋은 말로 할 때 가지고 와."

윽박지르는 도둑을 보고 있으니 겁이 났지만 나는 솔직하게 말하는 것 외에는 방법이 없다고 생각했습니다.

"귀중품이 있다면 다 가져가세요. 하지만 정말 없어요. 현재 실직을 해서 지금까지 일을 못 구하고 있습니다. 그래서 귀중품은 이미 다 팔아버렸습니다."

나의 말에 도둑은 힘이 빠졌는지 그 자리에 주저앉고 말았습니다. 도둑의 망연자실한 모습에 나도 모르게 이상한 말을 해버렸습니다.

"돈만이 귀중한 건 아니에요. 나에게는 돈은 아니지만 소중한 것들이 많아요."

그러자 도둑이 눈을 번뜩이며 나를 쳐다보았습니다.

"나는 인생에서 보물이 여러 가지 있다고 생각해요. 그중에 하나가 사람입니다."

"뭐? 사람?"

도둑은 실망한 눈빛으로 나를 쳐다봤습니다.

"그래, 어떤 사람이 당신한테 보물이라는 거야?"

"엄마입니다. 엄마는 내 인생의 시작이며 엄마로부터 나는 사랑을 배웠습니다. 나를 향해 무한의 사랑을 주고 언제나 내게 힘이 되는 존재입니다. 엄마가 없었다면 힘든 인생을 잘 버틸 수 없었을 것입니다."

"쳇, 누구는 엄마가 없나? 그깟 엄마는 다 있어. 그게 뭔 보물이라는 거야?"

도둑은 하찮다는 듯 말을 툭 내뱉고는 잠시 생각에 빠지더니 다시 말을 이어갔습니다.

"나에게도 그런 엄마가 있었다면 좋았을 텐데…. 우리 엄마는 고생을 많이 했지. 그래서 나한테 사랑을 주지 않았어. 게다가 나중에는 나를 보육원에 보내버렸어. 그래서 내가 이 모양 이 꼴이 된 거라고. 당신처럼 엄마의 사랑을 받았다면 달라졌겠지."

도둑은 나를 힐끗 쳐다보더니 비웃으며 말을 이어갔습니다.

"그래 봐야 소용없지. 지금 당신은 한 푼도 없는 빈털터리잖아. 도둑이 들어와도 훔쳐 갈 것 하나 없는 거지 신세라고. 그러니 사람이 무슨 보물이야?"

"내 마음의 보물입니다."

나의 말에 도둑의 눈빛은 심하게 흔들렸습니다.

"그래 봐야 당신이나 나나 같은 거지 신세라는 말이야."

도둑은 돈 한 푼 없는 나를 비웃으며 말을 이어갔습니다.

"세상 사람들한테 말해봐야 꼴만 웃기지."

"맞습니다. 당신과 저, 가난한 건 마찬가지입니다. 하지만 마음은 전혀 다릅니다. 나는 가난하다고 남의 것을 훔쳐서라도 가져야겠다는 생각은 하지 않습니다. 내 것과 남의 것은 구별할 줄 아는 정도의 마음의 여유는 있습니다. 내게는 세상은 몰라줘도 나를 알아주는 좋은 친구가 있습니다."

"뭐? 친구? 친구도 돈이 없으면 상대를 안 하려고 한다고. 누가 그런 사람과 같이 어울리려고 하나? 요즘은 돈이 없으면 형제자매도 서로 등을 지는 시대라고. 가난하면 손을 벌릴까 봐 멀리하는데."

"그렇죠. 하지만 나에게는 고마운 친구가 있습니다. 나를 진정 알아주는 친구. 그 친구는 나 자신보다 나를 더 높이 평가하고, 나의 재능을 인정해주고 늘 아낌없이 응원해주는 친구입니다. 나를 가치 있게 해주는 친구입니다."

"뭔 소리야. 그런 친구가 어딨어?"

도둑은 믿을 수 없다는 표정으로 나를 쳐다보며 또다시 말을 이어 갔습니다.

"그래, 그런 친구가 있다니 좋겠군. 나한테도 그런 친구 한

명쯤 있었다면 내가 이렇게까지 되지는 않았을지도 모르지. 그런 친구는 보물이라고 할 수 있지."

도둑은 고개를 끄덕이며 한결 부드러워진 표정으로 나를 바라봤습니다.

"그리고 마지막으로 또 한 사람이 있습니다. 저를 위해 기도해주시는 목사님입니다."

"목사? 세상에 목사만큼 도둑놈이 없다고 하는데. 바보 같은 소리하고 있네."

도둑은 나를 비웃으며 한심하다는 표정으로 바라봤습니다.

"나는 하나님을 믿는 사람입니다. 하나님을 믿는 사람에게 기도는 무척이나 중요합니다. 목사님은 나를 위해 그 누구보다 열심히 기도를 해주시는 분입니다. 또한 내가 나아갈 방향을 잃고 헤맬 때 방향을 알려주기도 합니다. 그럼 당신에게는 당신을 위해 신께 기도해 주는 사람이 있나요?"

"뭐? 기도해 주는 사람? 나는 하나님을 안 믿으니까 기도 따위는 필요가 없어."

도둑은 갑자기 화가 난 듯 목소리를 높였습니다.

"난 이 땅에 태어난 것부터 화가 나. 하나님이 진짜 있다면 따져 묻고 싶다고. 나도 남들처럼 좋은 부모 밑에서 태어나게 하지, 왜 이따위로 태어나게 해서 인생을 꼬이게 만들었는지. 나는 부모덕은 아예 없는 사람이야. 당신처럼 부모의 사랑을 받고 자란 게 아니라서 마음에 사랑도 없고, 나를 인정해주는 친구도 없고, 내 인생은 이렇게 거지 같다고. 지금 누구 앞에서 하나님 타령이야. 하나님이 내 앞에 나타나면 가만 안 둘 거야."

"그럼 하나님을 만나서 물어보세요. 왜 당신을 그렇게 거지같이 만들었는지."

"뭐? 방금 뭐라고 했어?"

도둑은 매섭게 나를 노려봤지만, 이상하게 마음에 담대함이 생기면서 두렵지 않았습니다. 나는 다시 용기 내어 말했습니다.

"지금 당장이라도 하나님께 따져 물어볼 수 있어요. 당신이 하나님께 기도해 보세요. 그러면 하나님께서 당신에게 말씀해 주실 거예요. 당신의 인생에서 알 수 없었던 물음에 답을 주실 겁니다. 나 역시 당신과 같은 생각에 빠져 있었습니다. 도무지 이해할 수 없는 인생이라는 생각이 들더군요. 남들보다 열심히 살아도 번번이 실패하는 것 같아서 모든 걸 포기하고 싶다는 생각으로 살았습니다. 다시 도전할 용기가 생기지 않아 어떻게 해야 할지 몰랐을 때 나는 목사님께 도움을 청했습니다. 그런 나를 위해 열심히 기도해 주셨어요. 그분의 기도 덕분에 용기가 생기고 나는 소망을 가질 수 있었습니다. 지금도 나를 위해 기도해 주시는 목사님께 감사하고 있어요."

"쳇, 대단한 목사인가 보네."

믿기지 않는다는 표정으로 도둑은 말했습니다.

"목사님이라면 당신을 위해서 기도해 주실 거예요. 나 역시 당신을 위해 기도해 주고 싶어요."

"나를 위해서 기도를 한다고? 왜?"

도둑은 이해할 수 없다는 표정으로 물었습니다.

"당신의 말대로 나는 값없이 사랑을 받아서 마음속에 사랑이 많아요. 그래서 당신에게 나눠줄 사랑이 있어요. 돈은 드리지 못하지만 사랑은 드릴 수 있어요."

"뭐? 사랑을 나눠준다고? 그런 거 말고 돈이나 내놔. 당신 사랑 따위는 필요 없어. 당장 먹고 살 수 있는 돈이 필요하다고. 내가 훔쳐 갈 돈도 없는 주제에 잘난 척하기는."

처음에는 화를 내던 도둑이 잠시 침묵하더니 이내 어두운 표정으로 말을 이어갔습니다.

"나나 당신이나 돈이 없기는 마찬가지인데 다르네. 나는 마음마저도 가난하네."

도둑은 자신의 신세가 처량했는지 눈물을 흘렸습니다.

"그럼 내 마음에 있는 보물들을 훔쳐 가세요. 그러면 되잖아요. 내가 얼마든지 내어드릴게요. 마음은 누구보다 부자랍니다."

"그래, 고맙네. 나도 당신처럼 마음이 부자가 되려면 어떻게 해야 하나?"

"하나님을 믿으세요. 그럼 당신의 필요를 모두 채워주실 거예요. 누군가의 돈을 뺏어서 가지고 싶은 마음이 누군가에게 가진 것을 내어드리고 싶은 마음으로 변할 거예요. 부모님에게서 받지 못한 사랑을 하나님은 두 배로 채워서 사랑해 주실 거예요."

나는 도둑에게 내가 가진 것 중에서 가장 소중한 보물을 주었습니다.

"자, 이 성경책은 내가 가진 최고의 보물이에요. 이걸 가져가세요. 이것보다 더 귀한 것은 우리 집에 없어요."

도둑은 성경책을 한참을 바라보다가 말했습니다.

"고맙습니다. 소중한 걸 주시니. 혹시…. 나를 위해 기도해 줄 수 있나요?"

"물론이죠. 나 역시 당신 덕분에 내게 있는 보물들을 깨닫게 되었어요. 사실 나 역시 힘든 상황에 마음이 조금씩 거칠어지고 있었어요. 잠들기 전에 하나님께 기도했어요. 나를 도와달라고요. 아마 내 기도를 들으시고 하나님께서 나에게 당신을 보내주신 것 같아요. 두 손을 모으고 함께 기도해요.

"사랑과 은혜가 넘치는 하나님 아버지, 우리에게 소중한 사람들을 보내주셔서 감사합니다. 그들을 통해 하나님의 사랑과 은혜를 느낍니다. 오늘의 뜻깊은 만남은 하나님께서 보내주신 선물이라 믿습니다. 하나님의 사랑과 은혜로 죄에 빠져 있던 삶을 새롭게 하소서. 새 삶을, 새로운 날들로 살아가게 하여 주소서. 어둠 속에서 헤매던 우리의 영혼을 주님의 빛으로 채우셔서 우리를 밝은 길로 인도하여 주시리라 믿습니다. 이 모든 말씀을 예수님의 이름으로 기도드립니다. 아멘."

나의 이야기를 다 들은 목사님이 미소를 지으며 말했습니다.

"이제 도둑은 도둑으로 존재하지 않고 이웃이 되었습니다. 하나님은 언제나 적절한 때에 사람이라는 선물을 보내주시어 우리의 지친 영혼을 회복시키시고 위로하십니다. 그의 놀라우신 계획과 은혜에 늘 감사와 사랑을 드립니다."

그리고 목사님은 우리의 이웃이 된 그를 위해 기도해 주었습니다.

🔖 이야기 나눔

질문 1 이야기의 화자는 어떤 상황에서 목사님께 기도를 부탁하게 되었나요?

질문 2 도둑과의 대화 속에서 화자가 보여준 태도는 어떤 모습이었나요?

질문 3 이야기 속에서 화자가 도둑에게 전한 '보물'은 무엇이었나요?

🔖 함께 나누기

질문 1 "나는 마음의 부자입니까?" 이 질문에 솔직히 대답해 보세요.

질문 2 화자처럼 '도둑에게도 줄 수 있는 것'이 있다면, 여러분은 어떤 것을 줄 수 있을까요?

질문 3 "나를 위해 기도해 주는 사람이 있다"는 것은 어떤 의미인가요? 당신에게 그런 사람은 누구인가요?

🔖 적용과 기도문 쓰기

이번 주 안에 '마음의 보물'을 누군가에게 나눠보세요.
예) 위로의 편지, 진심 어린 안부, 성경 한 구절, 기도

나의 기도문 쓰기
오늘 이야기를 통해 느낀 점과 도둑 같은 영혼을 위한 기도를 적어보세요.
예) 하나님, 마음이 가난한 이에게 사랑을 나눌 수 있는 용기를 주세요. 제 마음에 담긴 보물들을 누군가에게 내어드릴 수 있도록 인도해 주세요.

조용히 닿은 후

김애자

소망이 우리를 부끄럽게 하지 아니함은
우리에게 주신 성령으로 말미암아
하나님의 사랑이 우리 마음에 부은 바 됨이니
로마서 5장 5절

보슬보슬 봄비가 내리는 날, 보슬비는 내게 위로의 말을
건네 주었단다. 바람도, 나뭇잎도, 잠시 멈춰 서서 비가 전해
주는 위로를 들었지.

"괜찮아. 힘들면 쉬어. 천천히 가도 돼."

나는 비가 전해주는 위로를 들으며 하늘을 바라보았어.

"하나님, 왜, 제 마음은 조급하고 불안할까요? 평온한 마음으로 기다리려 해도 기다림이 두려워요. 요즘의 하루하루는 마치 안개 속을 걷는 것 같아요. 앞이 보이지 않아 한 걸음을 떼는 것조차 망설여집니다.

기도는 하지만 확신이 서지 않고 말씀을 펴지만 마음이 메말라 있습니다. 하나님, 혹시라도 제가 믿음에서 벗어난 길에 서 있다면 저를 주님의 품 안으로 이끌어 주세요. 당신의 길, 당신의 뜻 안에 살고 싶습니다."

그때 세 사람의 얼굴이 떠올랐어. 한 사람은 온화한 표정으로, 한 사람은 사랑스러운 표정으로, 또 다른 사람들은 평화로운 얼굴로 나를 바라보았어.

남편은 나를 위해 따뜻한 차를 준비했어. 그리고 내 손을 살며시 잡으며 위로의 말을 건넸지.

"지금까지 열심히 살아온 당신이잖아. 이제는 조금 천천히 쉬어가도 괜찮아. 고생 많았어. 내 손 잡고 내 등에 기대. 내가 힘이 되어줄게."

그 말을 듣는 순간, 마음 속에 쌓여 있던 얼음이 천천히 녹아내리는 것 같았어. 울컥함이 차오르며 눈가에는 작은 이슬이 맺혔어.

남편의 위로는 포근한 솜이불로 살포시 나를 감싸 주는 듯
했지. 내 마음을 알아주고 언제나 내 편이 되어주는 남편의
존재가 한없이 고마웠어. 그리고 남편과 함께한다는 것이 나
에게 커다란 기쁨이요 행복임을 알았단다.

또 어느 날, 언니에게서 전화가 왔어. 나의 모든 처지를 알
고 있는 언니는 내게 말했지.

"지금은 힘들고 앞이 보이지 않아도, 하나님은 여전히 너
와 함께하시며 너의 길을 인도하고 계셔. 너의 눈물, 너의 한
숨, 그 모든 것을 하나님은 결코 외면하지 않으신단다.

우리가 이해할 수 없는 시간 속에서도, 하나님은 가장 선
한 계획을 세우시고 그 계획을 이루어가고 계신다는 것, 꼭

기억하면 좋겠어. 하나님은 너의 간절한 기도를 결코 외면하지 않으실거야. 그러니 두려워하지 마. 언니도 너를 위해 기도하며 힘이 되어 줄게."

언니의 위로가 내게는 하나님의 음성으로 느껴졌어.

세 번째 내게 커다란 희망을 준 사람은 함께 '신앙동화'를 쓰는 작가님들이었어. 우리는 서로 다른 환경에서 살아왔지만 믿음 안에서 하나의 공동체가 되었지. 글을 쓰는 내내 작가님들의 글을 읽고 위로의 말을 들으며 새로운 희망을 얻게 되었어. 그리고 작가님들의 위로는 하나님이 내게 주신 소중한 선물임을 알았어.

나도 그랬듯이, 누군가 글을 통해 다시 일어설 힘과 용기를 얻는다는 것은 그 어떤 것보다 소중한 일이라고 생각해. 그래서 나도 작가의 길을 걸으며 누군가에게 위로를 주는 사람이 되고 싶어.

하나님, 남편의 격려, 언니의 동생을 향한 사랑, 작가님들의 위로의 말은 믿음 안에서 하나로 이어지는 사랑의 표현들이었습니다.
이제 저도 그 사랑을 마음 깊이 간직하고 절망 속에서 방황하는 사람들에게 소망의 빛이 되고 싶어요. 여러 사람들의 위로를 통해 진한 하나님의 사랑을 알게 해주셔서 감사합니다.

하나님의 소중한 사랑을 받은 제가 주님 앞에 제 마음을 엽니다. 이제부터는 제가 받은 사랑이 흘러 넘쳐 누군가의 상처 위에 조용히 닿게 해주세요.

주님, 따뜻한 눈빛으로 주님께 받은 은혜와 사랑을 세상 속에 나누며 살게 하시고, 제가 머무는 자리마다 주님의 사랑이 향기처럼 퍼지게 해주세요.

사람을 사랑하는 일이 곧 주님을 사랑하는 길임을 기억하며 살아가게 해주세요. 주님의 참사랑을 알아가는 저는 진정 행복한 사람입니다.

질문과 나눔

🚩 **깊이 읽기**

질문 1 이 글을 읽으며 당신의 마음에 가장 먼저 와닿은 한 문장은 무엇이었나요? 그 이유는요?

질문 2 나에게 '봄비' 같은 존재는 누구였나요?

질문 3 내가 만난 하나님의 위로는 어떤 모습이었나요?

📕 나의 삶 되돌아보기

질문 1 요즘 내가 느끼는 '안개 같은 상황'은 무엇인가요? 그 안에서 어떤 감정을 느끼고 있나요?

질문 2 내 삶에 격려와 위로의 말을 건넨 사람을 떠올려보세요. 어떤 순간, 어떤 말이었나요?

질문 3 지금 나에게 꼭 필요한 하나님의 음성은 어떤 말일까요? 직접 써보세요.

📕 삶으로 실천하기

질문 1 나도 누군가에게 위로와 사랑을 전하고 싶다면, 어떤 작은 행동부터 시작할 수 있을까요?

질문 2 독서 나눔 후, 지금 나의 생각은 어떠하나요?

사랑받았기에

백미정

내가 산을 향하여 눈을 들리라
나의 도움이 어디서 올까
나의 도움은 천지를 지으신 여호와에게서로다
시편 121편 1~2절

그날,

하루의 끝,

커피 한 잔을 앞에 두고

하나님께 여쭈었어.

"하나님, 지금 이대로 괜찮은 걸까요?

저 너무 서툴러서, 잘하고 있는지 모르겠어요."

그때, 내 마음을 들여다보듯
세 사람의 얼굴이 떠올랐어.
어떤 얼굴은 따뜻하고,
어떤 얼굴은 지혜롭고,
어떤 얼굴은 강한 믿음으로 나를 바라보고 있었어.
그리고 그 얼굴들을 떠올릴 때마다
내 마음이 점점 따뜻해졌어.

그날,
하루 종일 지쳐 아무 말도 할 힘이 없을 때,
남편은 조용히 내 옆에 앉았어.
그가 건넨 커피 한 잔은 뜨겁고 진하게
내 몸속으로 스며들었고,
작은 위로가 되어 주었지.
말없이 내 손을 잡아주는 순간,
나는 그가 내 마음을 다 알고 있음을 깨달았어.
"힘들면 잠깐 쉬어도 돼.
너는 그냥 거기 있는 것만으로도 충분히 소중해."

그동안 고마움을 표현하지 못했던

내 마음을 그가 대신 말해준 거였어.

나는 하나님의 사랑을 느꼈어.

그리고 그는

하나님이 내 옆에 보내주신 선물이었어.

그날,

"엄마, 나를 위해 기도해 주세요."

나의 말 한 마디에

엄마는 바로 기도를 하셨지.

"하나님예, 우리 딸 지켜 주이소."

짧은 기도였지만 내 마음 깊은 곳까지 흘러들어갔어.

엄마는 언제나 내 편이 되어 주었어.

하나님께서 허락해 주신 엄마의 기도는

내게 평안을 주었고,

그 평안 속에서 나는 다시 일어설 힘을 얻었어.

그리고

작가님들과 함께한 시간.

서로의 글을 읽으며,

하나님께서 우리에게 주신 이야기를 나누었지.
그들이 보여준 경청과 공감은
내 마음의 어두운 구석을 비추는 빛이었어.

"이 글을 읽으니까 마음이 편해졌어요.
 글 속에 하나님이 함께하시는 걸 느꼈어요."
우리의 대화와 내가 쓴 글이 위로가 된다는 사실은
우주를 향해 만세를 부르고 싶은
벅찬 감동을 전해 주었단다.

그래서 나는 하나님께 기도드렸어.

하나님,
제가 이렇게 부족하고 서툴러도,
주님은 결코 외면하지 않으셨습니다.
저를 돌보시기 위해,
저의 길을 밝혀 주시기 위해,
주님은 늘 사랑하는 사람들을 보내주셨습니다.
남편의 사랑,
엄마의 통찰,
작가님들의 격려.
모든 것이 주님의 사랑의 표현이었고,
그 사랑은 제 마음 깊숙이 스며들어
다시 일어설 수 있도록 힘을 주었어요.
주님께서 보내주신 사람들의 손길에
저의 마음이 치유되었고,
새로운 길을 향해 나아갈 용기를 얻었어요.
주님, 이제는 저도 누군가에게
그 사랑을 나눠줄 수 있기를 기도합니다.
사랑받는 사람이 사랑을 나누는 것처럼,
저 또한 그 사랑을 흘려보내며

주님의 이름을 더욱 찬양할 수 있기를 바랍니다.

주님, 당신은 늘 저와 함께 하시며

저를 지키시고 인도하십니다.

그 사랑을 알게 된 저는,

행복한 사람입니다.

나눔 질문

읽는 동안 가장 마음에 남은 문장은 무엇이었나요?

왜 그 문장이 당신의 마음에 깊이 남았는지 이야기해 보세요.

깊이 들여다보기

당신의 삶에 보내주신 '하나님의 사람'은 누구인가요? 그들의 얼굴과 마음을 떠올려 보세요.

그 사람의 이름	나에게 해준 일 또는 말	그때 내가 느낀 감정	지금 하고 싶은 말

🔖 연결과 회복

때로는 너무 익숙해서 고마움을 말하지 못했던 사람이 있었나요?
그 사람에게 지금 고마움을 표현한다면 어떤 말부터 하고 싶나요?

감사 카드 작성
'내 삶에 와줘서 고마운 당신께'
그 사람에게 감사 편지를 써보세요.

   To.
_____

_____

_____

_____

_____

_____

                                 From.

실제로 전달해보세요. 놀라운 일이 생길 수도 있어요.

🔖 사랑을 흘려보내는 삶

지금, 당신이 누군가에게 '하나님의 사람'이 되어줄 수 있다면 누구일까요?
어떤 방법으로 그 사람을 섬기고 위로할 수 있을까요?

🔖 기도로 마무리하기

함께 기도해요
주님, 제 삶에 소중한 사람들을 보내주셔서 감사합니다.
제가 받은 사랑을 흘려보내는 사람이 되게 해주세요.
오늘, 제 손으로 하나님의 사랑을 전하게 해주세요.

추천 찬양
〈주 나의 모습 보네〉
〈하나님은 너를 지키시는 자〉

길 위의 얼굴들

신시옥

온갖 좋은 은사와 온전한 선물이
다 위로부터 빛들의 아버지께로부터 내려오나니
그는 변함도 없으시고 회전하는 그림자도 없으시니라
야고보서 1장 17절

해 질 녘, 만 보 걷기를 하며 나는 하나님께 물었어요.

"하나님, 저 지금 하나님 앞에서 제대로 살고 있는 건가
요? 저의 시선이 하나님보다 세상을 더 바라보고 있지는 않
은가요?"

그때, 내 마음속 깊은 곳에서 세 사람의 얼굴이 파노라마처

럼 떠올랐어요. 어떤 사람의 얼굴은 자애롭게 나를 감싸 주었고, 어떤 사람의 얼굴은 존재만으로도 나를 든든히 지켜주었으며, 어떤 사람의 얼굴은 다정다감하게 나를 도와주었지요.

그날, 결혼을 앞두고 시골에 계신 엄마를 찾아갔었어요.
"시옥아, 엄마가 너 시집보낼 때 이불해 주려고 3년 동안 목화 농사를 지었단다."
엄마가 손수 지어 주신 이불은, 덮고 잘 때마다 포근한 사랑이 느껴져 마음이 몽글몽글해졌답니다.
지금은 천국에 계시지만, 여전히 나를 위해 기도하고 계실 우리 엄마. 나에겐 이 땅에서 최고로 자애로운 분이셨어요. 이제는 제가 그 사랑을 아들딸에게 흘려보내며 살아가고 있답니다.

또 다른 어느 날, 뇌종양 진단을 받고 마음이 무너져 내리던 날, 딸은 놀란 가슴을 진정시키며 오히려 나를 위로해 주었지요.
"엄마, 간호사인 제가 항상 곁에 있을 테니까 너무 걱정하지 마세요."
그날 딸과 함께 경복궁을 걷기도 했습니다. 하지만 풍경이

하나도 기억나지 않아, 조만간 다시 한번 가보려 해요. 하나님께서 선물로 주신 딸이 이제는 위로자로, 기도의 동역자로 곁에 있어 주니 얼마나 감사한지요.

가까이 살고 있는 숙이도 하나님께서 보내주신 특별한 선물입니다. 고등학교 시절부터 친구였고, 직장 생활도 함께했으며, 결혼 후 아이들을 키울 때도 서로의 곁에서 울고 웃으며 지냈지요. 지금까지도 신앙 안에서 변함없이 동고동락하며 삶을 나누는 이 친구가 있어 참 감사합니다.

하나님,
엄마의 무조건적인 사랑,

딸의 든든한 존재감,

친구의 변함없는 우정.

이 모든 것이 하나님의 선물임을 고백합니다.

혼자여서 외로워 보인 아담에게 하와를 주셨듯이 제 곁에
도 이렇게 귀한 이들을 보내주셨음을 잊지 않겠습니다.

그리고 지금, 제가 걷고 있는 만 보의 길 위에도 하나님께
서 준비하신 사랑의 얼굴들이 기다리고 있음을 믿습니다.

제 삶이 흔들릴 때마다 이 사랑들을 기억하며 감사로 하루
를 채워가겠습니다. 저는 결코 혼자가 아니었음을, 그리고 앞
으로도 혼자가 아님을 이제는 믿습니다.

질문과 나눔

🚩 **나의 삶 돌아보기**

질문 1 "하나님, 저 지금 하나님 앞에서 제대로 살고 있는 건가요?"
이 질문을 내 삶에도 적용해본다면, 지금 나는 누구를 바라보
며 살고 있나요?

하나님을 향한 시선을 어떻게 더 회복할 수 있을까요?

🚩 사랑의 얼굴들

질문 글에서 떠오른 세 사람(엄마, 딸, 친구)은 각기 다른 방식으로 위로자가 되어 주었습니다.
내 삶에 하나님이 보내주신 '사랑의 얼굴들'은 누구인가요? 그들과의 에피소드를 나눠보세요.

🚩 관계의 선물

질문 1 "혼자여서 외로워 보인 아담에게 하와를 주셨듯이⋯."
하나님께서 나에게 허락하신 '관계의 선물'은 무엇이라고 생각하시나요?

질문 2 그 선물을 내가 어떻게 더 잘 지키고 누릴 수 있을까요?

하나님의 배려

하나님은 우리의 기도보다 앞서 일하시고, 사랑으로 주변을 채우시는 분이십니다.
최근 경험한 '하나님의 배려'는 무엇이었나요? 감동이 있었다면 나눠보세요.

감사 기도문

하나님께 드리고 싶은 감사 기도문을 직접 적어보세요.
지금의 나, 지금의 사람들, 지금의 삶에 대해 고백하는 짧은 편지처럼 써보세요.

다시 그 자리로

유명순

오직 여호와를 앙망하는 자는 새 힘을 얻으리니
독수리가 날개치며 올라감 같을 것이요
달음박질하여도 곤비하지 아니하겠고
걸어가도 피곤하지 아니하리로다
이사야 40장 31절

"요즘 저는 썬데이 크리스천 같아요."

"무슨 말씀이세요. 전직 전도사님이."

주일 아침, 교회 권사님과 나눈 짧은 대화였지만 그 말은 내 마음 깊숙한 곳을 찔렀어요. 나는 주일에는 본교회에 가지만, 수요예배는 동네 교회에서 드려요. 그마저도 빠질 때가 많아졌죠.

성경 속 다니엘은 예전처럼 예루살렘을 향해 창을 열고 기도했다고 해요. 하지만 나는 기도를 결단해도, 정해진 시간에 드리지 못할 때가 많았어요. 가끔 교회 기도실에 가기도 했지만, 조용히 앉아 있다 보면 어느새 꾸벅꾸벅 졸고 있었어요. 기도했다고 생각하고 눈을 떠보면, 고작 15분 정도 지나 있었죠.

지금 내 마음은 가뭄에 갈라진 땅 같아요. 몸이 힘들다는 핑계로 예배보다 쉼을 택했고, 찬양보다 염려가 많아진 요즘, 나의 신앙은 비상사태에요.

어쩌다 이렇게 되었을까요? 여전히 하나님께 감사를 드리고 있지만, 게으름이 내 믿음을 무겁게 누르고 있었어요. 요즘은 건강 문제로 새벽기도에도 나가지 못하고 있어요. 이제는 포근한 봄이 왔건만, 여전히 이불 속에 머물고만 있네요. 그런 나를 주님은 오늘도 기다리고 계시겠지요?

문득, 조용히 떠오른 얼굴이 있어요. 새벽을 깨우며 예배 자리를 지켰던 엄마의 모습이에요. 바쁜 일상 속에서도 기도에 힘쓰며 목회자를 섬겼던 엄마. 노년이 되어도 일을 찾아 부지런히 살아가신 그 모습. 그런 엄마가 내 마음에 말을 걸어오는 듯했어요.

"너도 다시 일어설 수 있어. 괜찮아."

남편은 예전에 퇴근 후 성경 필사를 하곤 했어요. 나는 성경을 조금씩 필사해왔지만, 아직 다 하지 못했죠. 최근엔 필사를 다시 해보고 싶어 노트를 보러 갔는데, '글쓰기 끝내고 시작해야지.' 하고 또 미뤘어요.

그런 나를 바라보며 남편은 따뜻한 말을 건넸어요.

"당신은 지금 몸을 만드는 중이야. 편히 쉬어줘."

그리고 한 마디 더 위로를 해 주었어요.

"글쓰기 잘했어. 노년에는 글쓰기가 참 좋다더라."

그 말을 듣는 순간, 미안했던 마음이 편안함으로 바뀌었어요. 남편은 하나님이 내게 주신 선물이었음을 또다시 깨달았지요. 그는 늘 내 곁에 있었고, 내가 오히려 잘 섬겨야겠다 생각했던 그가 언제나 나를 먼저 생각해 주었어요.

화내기도 했던 지난 시간이 부끄러웠지만, 그 모든 것조차도 하나님의 은혜였어요. 우리는 노년을 준비하지 못했지만, 지금 이 하루에 충실하며 살아가고 싶어요. 하루하루 하나님을 기억하며, 건강을 회복하며 살아가고 싶어요.

며느리와 대화를 나누게 하심도 하나님의 선물이었어요. 어느 날, 아들과 이야기 중 주민자치센터 운동 신청 얘기가 나왔어요.

"어머님, 제가 신청해 드릴게요!"

직장 생활로 바쁜 며느리였지만, 망설임 없이 도와주었어요. 그 말에 나는 용기를 얻었고, 필요서류를 준비해 접수했어요. 며느리는 두 번째 운동도 신청해 주었어요. 이 모든 게, 하나님께서 나를 운동하게 하시려는 계획이었구나 생각했어요.

운동을 하며, 며느리와 두 손녀가 생각나 웃음꽃이 피어났어요. 선생님의 율동을 보며, 말씀과 찬양이 자연스럽게 마음에 떠오르기도 했지요.

'이 기회를 통해 복음을 나눌 수 있으면 좋겠다.'

그 소망이 조용히 내 안에 피어났어요.

그리고 또 한 사람. 새벽 독서 모임을 통해 만난 그림책 교수님. 그분은 내 감정을 살금살금 깨워주었고, 잠들어 있던 나의 마음을 다시 세워주셨어요. 그분 역시 하나님이 보내주신 선물이었어요. 이 모든 것이 하나님의 은혜였음을 고백해요.

하나님 아버지, 오늘도 제가 살아갈 수 있도록 은혜 주셔서 감사합니다.

남편의 사랑, 엄마의 깊은 신앙, 며느리의 따뜻한 손길, 그리고 독서 모임에서 만난 지체들까지, 모두 주님이 제게 주신 귀한 선물이었습니다. 저는 그 사랑을 받은 자입니다. 이제는 저도 그 사랑을 전하며 살고 싶습니다. 게으름을 벗고, 다시 새벽을 깨우게 하시고, 기도의 자리에 나아가도록 이끌어 주세요. 예수님의 사랑을 깊이 알고, 복음을 전하는 삶으로 세워지길 소망합니다. 누군가의 마음을 어루만져 주는 사람이 되길 원합니다. 하나님의 사랑을 흘려보내는 사람이 되게 해주세요. 오직 예수님만이 나의 구원자이며 생명의 은인임을 잊지 않게 하시고, 오늘도 찬양하며 살아가게 하옵소서. 예수님의 이름으로 기도드립니다.

아멘.

나는 요즘 썬데이 크리스천 같아요

본문 발췌 "저는 겨우 주일예배 드리고 수요예배는 동네교회, 본교회는
주일만 드리니 말입니다.
'이게 맞을까?' 찔리는 마음이 생겼습니다."

말씀 묵상
너희는 믿음 안에 있는가
너희 자신을 시험하고 너희 자신을 확증하라
예수 그리스도께서 너희 안에 계신 줄을
너희가 스스로 알지 못하느냐
그렇지 않으면 너희는 버림받은 자니라
고린도후서 13장 5절

나눔 질문 '나의 신앙 생활'은 지금 어떤 모습인가요?
주님과의 관계가 멀게 느껴질 때 나는 어떤 마음이 드나요?

나의 게으름, 그리고 엄마의 새벽

본문 발췌 "나의 게으름의 수치 가운데 엄마의 모습이 떠올랐어요.
새벽을 깨우며 예배의 자리에 나가셨던 그 모습."

부지런하여 게으르지 말고 열심을 품고 주를 섬기라

로마서 12장 11절

나의 삶 속 '게으름'은 어떤 형태로 나타나고 있나요?

신앙의 본이 되었던 인물은 누구였는지, 그리고 그 영향은 어땠는가요?

이번 주 나는 어떤 '작은 결단'을 통해 기도의 자리에 다가갈 수 있을까요?

📑 나를 위로해 주는 사람들

"남편의 말에 나는 위로를 받으며 하나님이 나에게 보내준 선물이구나 다시금 깨닫게 되었어요. 며느리와 손녀를 생각하며 운동을 하니 마음이 따뜻해졌어요."

사랑은 오래 참고 사랑은 온유하며…

자기의 유익을 구하지 아니하며 성내지 아니하며

고린도전서 13장 4~5절

내 삶에 하나님께서 보내주신 '위로의 사람'은 누구인가요?

그 사랑에 내가 어떻게 응답하고 있나요?

나를 위로해 준 한 사람에게 감사를 전하는 편지를 써 보세요.

📕 다시 기도의 자리로

본문 발췌 "나의 시간을 조금이나마 헌신해 주고 도와주는 자가 되길 원합니다. 마음을 꺼내어 위로해 주는 자가 되고 싶어요."

말씀 묵상

너희가 거저 받았으니 거저 주라
마태복음 10장 8절

나눔 질문 나의 기도를 통해 누군가를 위해 중보하고 싶은 마음이 있나요?
하나님께 받은 은혜를 어떻게 흘려보내고 싶은가요?

묵상 노트 이번 주간 동안 하루에 1명씩 '축복 기도'를 적어보세요.

선물

이 순 자

어느 때나 하나님을 본 사람이 없으되
만일 우리가 서로 사랑하면 하나님이 우리 안에 거하시고
그의 사랑이 우리 안에 온전히 이루어지느니라
요한일서 4장 12절

찬송가가 은은하게 울려 퍼지는 새벽 시간은 하나님께 고백을 드리는 귀한 시간입니다.

"하나님, 지금 저 이대로 괜찮은지요?

세상일에 마음을 빼앗겨 주께서 맡기신 일에 충성하지 못하는 제가 너무 부끄럽습니다."

그 순간 문득, 한 사람이 떠올랐어요.

처음 제 손을 잡아 주었던 그 사람. 어느덧 함께한 시간이 39년이나 되었지요. 때로는 웃음으로, 때로는 눈물로 채워진 시간이었지만, 늘 제 곁을 지켜준 이 사람이 있었기에 오늘의 제가 있습니다. 좋은 날, 힘든 날, 모두 지나고 나니 감사한 추억으로 남아 있음을 고백하게 됩니다.

토요일 늦은 오후, 무심한 듯 챙겨주는 마음으로 함께 먹는 비빔밥 한 그릇. 그리고 짧은 산책마저도 저는 그저 감사할 뿐입니다. 제 마음 한편에는 간절한 기도가 자리 잡고 있습니다.

"주님, 제 남편이 예수님은 영접했지만, 아직 예배의 자리에 함께하지 못하고 있습니다. 주님, 그가 예배하는 삶으로 나아갈 수 있도록 도와주세요."

어느 날, 예배 중 낯선 번호로 전화가 걸려왔어요. 왠지 받아야 할 것 같아 조용히 전화를 받았습니다.

"여보세요?"

"여기 119입니다. 이옥란 씨 보호자 되시죠? ○○병원 응급실로 오셔야 합니다."

숨이 멎을 듯 달려가 보니, 언니가 길가에 쓰러져 있었다고 합니다. 형부가 사고로 갑작스럽게 세상을 떠난 이후, 언니는 식사도 제대로 못 하고 밤잠도 이루지 못한 채 지내고 있었다고 해요. 언니의 몸과 마음이 약해진 줄 알면서도, 동생으로서 제대로 챙기지 못한 미안함에 마음이 아팠습니다.

다행히 큰 부상은 없었지만, 언니는 여전히 힘이 없었고 자주 넘어지며 불안한 상태였어요.

"언니, 신평으로 이사 오자. 하나님께서 도와주실 거야. 나도 도울게."

언니는 저에게 엄마 같은 존재였습니다. 배움에 대한 열정 하나로 부산에 처음 올라왔던 젊은 날, 언니는 따뜻한 밥 한 끼와 격려의 말로 제 삶을 든든히 지탱해 주었지요. 이제는 제가 언니의 든든한 동생이 되어 주어야 할 시간이 왔음을 느꼈습니다.

언니는 신평으로 이사 왔고, 우리는 매일 새벽 함께 기도하는 은혜를 누리게 되었습니다. 평안함 속에도 시련은 있었지요. 언니는 화장실에서 미끄러져 골절을 입기도 하고, 지하철 계단에서 넘어져 흉추를 다치는 일도 있었어요. 마음이 무너졌지만, 새벽마다 하나님 앞에 간절히 중보 기도를 드렸습니다.

"주님, 언니의 영혼과 육체를 강건하게 붙들어 주세요."

시간이 흘러 언니는 지금 직장도 다니고, 새벽기도도 빠지지

않고 있답니다. 매일 세 시간씩 성경을 읽으며 일 년에 11독을 실천하는 언니의 모습은 존경스럽기까지 합니다.

가끔 함께 앉아 지난 시절을 나누다 보면, 언니의 눈가에 이슬이 맺힙니다. 참 성실하고, 따뜻하며, 변함없이 사랑을 나누는 사람입니다. 그런 언니와 한 동네에서 살아갈 수 있어 매일이 감사입니다.

저에게 큰 힘이 되어 주는 또 다른 존재들을 떠올려 봅니다. 어린이집 문을 열면 밝은 미소로 인사해주는 선생님들의 모습을 생각합니다. 아이들과 함께 웃고 뛰노는 이 시간도 참으로 감사한 순간입니다. 바쁜 하루 중, 선생님들의 작은 손길 하나에도 마음이 뭉클해질 때가 있습니다. 아이 한 명 한 명의 이름을 불러주고, 몸을 낮춰 눈을 마주하며 건네는 사랑은 그 자체로 하나님께서 우리 곁에 함께하심을 느끼게 해줍니다.

"원장님 책을 읽어봤는데요, 너무 따뜻한 마음이 들었어요. 그리고 술술 읽혔어요. 정말 축하드려요."

이런 말들이 제게는 큰 위로이자 격려가 된답니다. 제가 쓴 글이 누군가에게 따뜻한 위안이 된다면, 그것만으로도 충분히 감사하지요. 책을 쓰는 일도, 선생님들과 함께하는 시간도, 모두가 하나님께서 제게 허락하신 선물 같은 여정입니다. 그분의 뜻 안에서, 제가 맡은 하루를 정성껏 살아내고 싶습니다. 누군가의 하루에 작은 온기를 더하는 존재로 남고 싶습니다.

사랑이 많으신 하나님 아버지, 오늘도 제 삶에 사랑을 베풀어 주시고, 좋은 사람들을 곁에 보내주심에 감사드립니다.

남편을 통해 인내와 배려를 배우게 하시고, 언니를 통해 위로와 깊은 사랑을 깨닫게 하시니 감사합니다. 아이들을 섬기는 선생님들의 손길 하나하나가 하나님의 사랑을 전하는 통로가 되게 하시고, 저 또한 그들과 함께 동역하며 성장할 수 있도록 도와주소서.

작은 것에도 감사할 줄 아는 마음, 주어진 하루를 사랑으로 채울 수 있는 넉넉한 영혼을 허락해주소서. 이제는 저도, 받은 사랑을 흘려보내겠습니다. 제 입술에는 찬양이 머물고, 제 삶은 복음을 전하는 향기가 되게 하소서.

예수님의 이름으로 기도드립니다. 아멘.

📑 오늘도 감사로 시작합니다

말씀 묵상
범사에 감사하라 이것이 그리스도 예수 안에서
너희를 향하신 하나님의 뜻이니라
데살로니가전서 5장 18절

나눔 질문
오늘 하루, 내가 가장 먼저 감사하고 싶은 일은 무엇인가요?
내 삶 속에 '감사'라는 단어를 떠올리게 만드는 사람은 누구인가요?

🚩 가정, 하나님이 주신 가장 큰 선물입니다

말씀 묵상

> 두 사람이 한 사람보다 나음은
> 그들이 수고함으로 좋은 상을 얻을 것임이라
> 전도서 4장 9절

나눔 질문 나의 결혼생활 또는 가족과의 관계에서 하나님의 손길을 느꼈던 순간은 언제인가요?
함께 예배드리는 가정을 위한 나의 기도제목은 무엇인가요?

🚩 언니, 엄마 같은 존재

말씀 묵상

> 너희 각 사람은 부모를 경외하고
> 나의 안식일을 지키라
> 나는 너희의 하나님 여호와이니라
> 레위기 19장 3절

나눔 질문 글쓴이는 언니의 고단한 인생을 돌아보며 눈물로 중보합니다.
나도 돌보아야 할 누군가가 있다면, 지금 그 사람을 위해 무엇을 할 수 있을까요?
내가 오랫동안 말하지 못했던 고마움, 사랑의 말이 있다면 무엇인가요?

🔖 하나님이 보내주신 동역자들

말씀 묵상

서로 돌아보아 사랑과 선행을 격려하며
모이기를 폐하는 어떤 사람들의 습관과 같이 하지 말고
오직 권하여 그날이 가까움을 볼수록 더욱 그리하자
히브리서 10장 24~25절

나눔 질문 글쓴이의 어린이집 선생님들과의 관계처럼, 나의 삶 속에도
따뜻한 동역자가 있나요?
내가 속한 공동체(직장, 교회, 소모임)에서 격려받거나 감동
받았던 경험은 무엇인가요?

🔖 함께 기도해요

주님, 저에게 사랑하는 가족과 동역자들을 허락해 주셔서 감사합니다.
감사와 기쁨으로 하루를 채우게 하시고, 받은 사랑을 넉넉히 흘려보내게
하소서.
주님을 닮은 마음으로, 나의 삶이 누군가에게 위로가 되게 하옵소서.
예수님의 이름으로 기도드립니다. 아멘.

연결된 우리

전숙향

보라 자식들은 여호와의 기업이요
태의 열매는 그의 상급이로다
시편 127편 3절

아카시아 향기가 폴폴 나던 어느 5월, 나는 요즘 자주 드는 생각을 하나님께 진지하게 물어보았어요.

"하나님 아버지, 저 이렇게 편안하게 신앙생활해도 괜찮은 가요?"

그 순간, 세 사람의 얼굴이 마음속에 선명히 떠올랐어요. 늘 함께하는 믿음의 동반자인 남편, 나의 신앙을 거듭나게 해준 보석 같은 아들, 순종하며 잘 깨닫는 선물 같은 며느리.

어느 날, 그동안 마음속에 품고 있던 말을 남편에게 그만 내뱉고 말았어요.

"난 요즘 목장 모임에 가는 게 별로 기쁘지 않아."

그러자 남편은 조용히 말했지요.

"당신, 잘하고 있어."

남편의 그 한마디에 가슴속 돌덩이가 솜털처럼 가벼워졌어요. 우리는 몇 년 전, 신앙의 전환기를 맞아 새로운 공동체로 옮겨온 후 적응하느라 애쓰고 있었어요. 특히 남편은 전혀 다른 분위기 속에서도 흔들림 없이 부부 목장에 꾸준히 참여하고 있지요.

"우리가 해야 할 마지막 사명은 아이들의 온전한 영혼 구원이야. 그 일을 위해서라면 우리가 뭔들 희생 못 하겠어?"

이 말은 우리 부부가 서로를 향해, 하나님 앞에서 함께 다짐하는 고백입니다.

"다른 생각 말고, 오직 아이들에게 신앙의 본만 보여 줍시다."

이렇게 다독여 주는 남편은 제게 든든한 신앙 동역자죠. 하나님께서는 우리 부부의 믿음 생활을 '시소'처럼 만들어 주셨어요. 한 사람이 지칠 때, 다른 사람의 믿음을 들어 올려 주시지요. 그럴 때마다 '돕는 배필'이라는 말씀이 실제로 느껴집니다.

아들은 내가 하나님을 더욱 깊이 만날 수 있도록 도와준 귀한 보석 같은 존재예요. 20대의 긴 방황 속에서, 아들은 나를 '기도하는 엄마'로 빚어 주었어요. 그 시절, 가시 돋친 선인장 같은 아들을 품을 수밖에 없었지만, 그 덕분에 저의 신앙은 단단해졌고 종교적 습관도 넘어서게 되었지요.

어느덧 두 아이의 아빠가 된 아들은, 요즘 말씀 공동체 안에서 은혜를 누리며 저에게 또 다른 도전을 주곤 해요.

"엄마, 매일 큐티 하세요? 기도는요?"

예전 같지 않은 제 기도생활을 꼬집듯 한마디 던지는 아들의 물음에 스스로를 돌아보게 되었고, 다시 기도의 자리에 앉게 되었어요. 그리고 또 말하더군요.

"저는요, 돈 많이 벌어 성공하는 것보다 하나님 잘 믿는 모습을 주안이, 세아에게 보여 주는 것이 최고라고 생각해요."

그 고백을 듣는 순간, 그동안 드렸던 모든 기도가 하나도 땅에 떨어지지 않았음을 깨달았어요.

칠 년 전 결혼과 함께 신앙을 갖게 된 오월의 장미꽃 같은 며느리는 우리 가정의 '나팔수' 역할을 톡톡히 하고 있지요.

"아버님, 어머님. 교회 직분이나 직책은 그리 중요하지 않대요. 다 내려놓으시고, 저희와 함께 신앙생활하시면 어떨까요?"

1년 반 동안 함께 살게 된 며느리가 우리 부부에게 조심스럽게 전한 말이었어요. 몇 해 전, 여러 이유로 아들 부부를 먼저 큐티하는 교회로 보냈었는데 그 말을 듣는 순간, 그녀의 입술을 통해 하나님께서 우리에게 말씀하시는 듯했지요.

　기도할 수밖에 없었습니다. 그리고 우리 부부는 결단하게 되었어요. 온 가족이 한 교회를 섬기기로 말이지요.

　"저희 이번 여름에 주안이, 세아 데리고 TT(국내 비전트립) 기로 했어요. 어머님, 아버님도 같이 가시죠!"

　어린 손주들까지 데리고 헌신하겠다는 며느리 말에 감동하여, 결국 우리 부부도 같은 시기에 TT를 신청했어요. 아직 하나님과의 인격적인 만남은 부족할지라도 그녀가 던지는 한마디 한마디는 가끔 우리를 멈춰 서게 합니다.

나중 된 자로서 먼저 될 자가 많으니라
마태복음 19장 30절 하반절

이 말씀이 며느리의 삶에 그대로 이루어지길, 간절히 기도하고 있답니다.

남편의 신실한 책임감,
보석 같은 아들의 비전,
순종적인 며느리의 도전.

하나님!
받을 자격이 없는 제게, 말할 수 없이 귀한 가족을 동역자로 주신 은혜에 무한 감사합니다. 거북이보다 느린 저를 남편을 통해 신실함으로 이끌어 주시니 감사합니다.

비전을 품고 기도하게 하는 아들과, 하나님의 뜻을 울려 퍼뜨리는 며느리를 통해 아버지의 한없는 사랑을 깨닫습니다.

바라옵건대, 저의 신앙이 날마다 성숙해지길 소망합니다. 세상 가운데서도 선한 영향력을 끼치는 믿음의 사람이 되게 하소서. 지혜로 채우시고, 감사로 살게 하시고, 주신 은혜를 기억하며 늘 기쁨으로 찬양하게 하소서.

📑 마지막 사명

질문 '우리의 마지막 사명은 아이들의 온전한 영혼 구원'이라는 말이 깊게 다가옵니다.
당신이 자녀(또는 다음 세대)에게 신앙의 유산으로 남기고 싶은 가장 중요한 가치는 무엇인가요?

📑 믿음의 시소

질문 저자는 남편과의 관계를 '믿음의 시소'라고 표현했습니다.
당신에게도 영적으로 지칠 때 곁에서 함께 균형을 맞춰주는 사람(또는 말씀, 사건)이 있었나요?

📑 하나님의 음성

질문 아들의 한마디, 며느리의 순종에서 저자는 하나님의 음성을 들었습니다.
당신은 최근, 누구의 말 또는 어떤 사건을 통해 하나님의 뜻이나 도전을 느낀 적이 있나요?

축복의 고백

필문 글에서 며느리를 향한 축복의 고백이 인상적입니다.

'나중 된 자로서 먼저 될 자가 많으니라.'(마태복음 19장 30절)

이 말씀은 당신의 삶에서 어떻게 이루어지고 있나요?

혹은 이 말씀이 지금 당신에게 어떤 소망을 주나요?

제5장

마침표 앞의 나 :
삶의 끝자락에서 마주한
희망과 결단

삶의 끝자락에서 우리는 다시 한번 자신의 이야기를 바라봅니다.

이 장은 마침표를 찍기 전,

하나님께서 주시는 희망의 빛 속에서

결단하고 평안을 찾는 시간을 선물합니다.

잠시 멈추어 숨을 고르며,

영원의 품으로 나아가는 길 위에서

진정한 사랑과 기쁨을 맞이하는 마음의 여정을 담고 있습니다.

지금 여러분은

아름다운 죽음을 준비하는

아름다운 삶을 살고 계신가요?

찰나의 여정

권은하

주께서 나를 모든 악한 일에서 건져내시고
또 그의 천국에 들어가도록 구원하시리니
그에게 영광이 세세무궁토록 있을지어다 아멘
디모데후서 4장 18절

　나는 마당을 거닐다가 잠시 흔들의자에 앉아 있었습니다. 제법 쌀쌀한 바람이 지금이 늦가을이라는 걸 말해주었습니다. 의자에 몸을 맡긴 채 흔들림을 즐기며 멀리 있는 산을 바라보면서 느긋한 오후를 보내고 있었지요. 그때 이웃집에 사는 귀여운 소녀 지나가 쾌활하게 마당으로 들어왔습니다.

"할머니, 뭐하고 계세요?"

"보다시피 흔들의자에 앉아서 흔들거리고 있지."

나는 반가운 꼬마 손님을 향해 웃으며 대답했습니다.

"홍시예요. 난 늘 홍시를 보면 할머니 생각이 나요."

지나는 빨갛게 익은 홍시 하나를 조심스레 내밀었습니다.

"오, 맛있게 생겼구나. 날 보니 홍시가 생각났니?"

"네, 홍시를 좋아하시잖아요. 부드럽고 달콤하지만, 조심히 다뤄야 해요. 할머니도 늘 조심하셔야 해요."

"호호. 그래, 난 몸이 많이 약하니 조심해야지. 지나야, 바람이 제법 쌀쌀한데 집 안으로 들어가서 무릎 담요를 가져다 주겠니?"

지나는 내 말이 끝나자 부리나케 집 안으로 뛰어 들어갔습니다.

"할머니!"

지나는 한층 높아진 목소리로 무릎 담요와 함께 작은 보석 상자를 들고 내게 물었습니다.

"무릎 담요 옆에 이 작은 상자가 있었어요. 이 예쁜 보석 상자에는 뭐가 들어있나요?"

"오, 그걸 발견했구나. 궁금하니? 그럼 열어보렴."

궁금증을 참지 못한 지나는 내 말이 끝나기도 전에 상자를 열었습니다.

"에잇, 이건 그냥 작은 돌멩이잖아요."

지나는 실망한 표정으로 말했습니다.

"그래, 작은 돌멩이지. 아무것도 아닌 것처럼 보이지만, 아주 특별한 돌멩이란다."

나는 오래전 기억을 떠올리며 천천히 말을 이어갔습니다.

"저기 하늘을 쳐다보렴. 뭐가 보이니?"

지나는 나의 말에 하늘을 올려다보았습니다. 그리고 조용히 흘러가는 구름을 넋 놓고 바라보았습니다.

"하나님, 두려워요. 그냥 이곳에 있고 싶어요. 저를 보내지 말아 주세요."

"영원히 그곳에 머무는 게 아니란다. 아주 잠시 머무는 것뿐이야. 긴 시간처럼 보이지만 찰나란다. 아주 잠깐이야."

나는 두렵기도 하고 속상하기도 해서 눈물을 흘렸습니다.

"자, 여기 이 돌멩이를 받으렴. 여기에 새겨진 글자가 보이니?"

나는 눈물 젖은 손으로 돌멩이를 받아들고 유심히 쳐다봤습니다.

"네, '전달자'라고 적혀 있어요."

"그래, 너는 전달자란다."

"전달자요? 그게 뭔가요?"

"내가 너희들을 세상으로 보낼 때 각자의 사명이 새겨진 돌멩이도 함께 준다는 걸 너도 잘 알고 있을 거야. 너는 바로 전달자야. 이곳에서 세상으로 가는 사이 돌멩이의 존재를 까맣게 잊어버리는 경우가 생기지. 그들에게 이 돌멩이의 비밀을 알려주는 거야. 그리고 마땅히 너의 행할 바를 다 이루면 이 돌멩이에서 빛이 날 거야. 그렇게 되면 너는 다시 이곳으로 돌아올 수 있단다."

"그리고 나는 이 세상으로 내려왔단다. 그런데 이 세상에 내려오면서 하나님의 말씀을 잊어버렸지. 오로지 더 잘 살고 싶고, 더 빛나고 싶은 마음만으로 열심히 살았단다."

지나는 나의 이야기에 빠져들었습니다.

"그런데 말이야. 내 욕심처럼 살아지지 않았어. 주위 사람들은 모두가 멋지게 잘 사는데 말이야. 나는 아무리 노력해도 잘 살아지지 않았지. 무척이나 속상했어. 그러다가 문득 위를 쳐다봤지 뭐니. 그런데 하늘 위로 십자가가 보이는 거야. 나는 곧바로 교회로 발길을 돌렸어. 그리고 하나님께 이 세상에서 잘 살 수 있도록 해달라고 기도를 드렸단다."

"하나님께서 기도를 들어주셨나요?"

"아니, 하지만 하나님께서는 내게 중요한 진리를 알려주셨어. 내가 왜 이 세상에 보내졌는지를 말이야. 하나님께서 우리를 이유 없이 이 세상에 보내신 게 아니란다. 각자가 지닌 아름다운 빛깔의 빛을 가지고 서로 사랑하고 도우며, 아름답게 살아가도록 하나님께서는 우리에게 사명을 주신단다. 지혜로운 이들은 하나님이 주신 빛으로 세상을 밝히며 사명을 이루기도 하지만 모두가 그렇게 살아가지는 못한단다. 자신의 욕심대로 살아가다가 빛이 사라지고, 어둠으로 살아가는 사람들도 있단다. 때로는 고통과 고난으로 인해 자신이 지닌 빛을 잃어버린 채 사명조차 생각하지 못하고 살아가기도 하지. 나는 빛을 잃거나, 어둠 속에서 헤매이는 이들에게 돌멩이의 비밀을 말해주기만 하면 되었지. 하나님께서 주신 빛이 있다는 걸, 그 빛으로 이루어야 할 사명이 있다는 걸 말해주는 건 쉬운 것 같았지만 사실 쉽지가 않았어. 많은 이들이 죄에 갇혀 하나님이 주신 빛과 사명을 잃어버리고 말아. 사람들은 내가 전하는 말을 무시하거나, 한 귀로 듣고 흘려버렸지. 속상하고 화가 났단다. 하지만 많은 시간이 지나서야 모든 것은 하나님 계획하심과 뜻대로 움직인다는 걸 알았지. 돌이켜

보니 모든 순간에 하나님께서는 언제나 나와 함께였어. 그것만으로도 나는 기쁘고 감사하단다. 지금 이 순간도 말이야."

나는 미소를 지으며 지나를 바라봤습니다.

지나 역시 나를 바라보며 미소를 지었습니다.

"호호, 네가 가져온 홍시를 먹어야지."

나는 지나에게서 받은 홍시의 달콤함에 빠져있었습니다.

"음⋯. 저는 할머니의 말씀을 믿어요. 이제부터 열심히 하나님께 여쭈어보려고요."

우리는 그렇게 달콤한 홍시와 함께 달달한 시간을 보냈습니다.

어느덧 하늘은 석양빛에 물들어 아름답게 빛나고 있었습니다.

"할머니, 이 소중한 돌멩이는 제자리에 갖다 놓을게요."

지나는 처음과 달리 돌멩이를 조심스레 작은 보석상자에 넣었습니다. 닫힌 보석상자에서 작은 빛이 새어 나오고 있었습니다.

산꼭대기에 걸터앉았던 태양은 소리 없이 산 아래로 제모습을 감추고 세상에는 밤이 찾아왔습니다. 드디어 나는 그토록 원하던 깊은 잠을 잘 수 있게 되었습니다.

　"이곳에서 삶이 길다고 생각했는데 되돌아보니 정말이지 찰나였습니다. 비록 짧았지만, 내게는 잊을 수 없는 시간이었습니다. 찰나의 삶이었지만 기쁨과 슬픔이 수없이 교차하는 시간 동안 하나님은 언제나 저와 함께였다는 걸 알았습니다."

　나는 하나님의 품에 안겨 찰나의 여정에 대해 말했습니다.

　"그래, 나는 언제나 너와 함께였단다. 네가 기쁠 때면 나도 기쁘고, 네가 슬플 때면 나도 슬펐단다. 이게 바로 아버지의 마음이란다. 이제 수고한 네게 쉼을 주고 싶구나. 내 곁에 와서 마음껏 나와 함께 누리렴. 사랑한다. 나의 딸아."

질문과 나눔

의미 그리고 질문

이야기 속 '돌멩이'는 어떤 의미를 가지고 있었나요?

함께 나누기

이야기 속에서는 '각자가 지닌 아름다운 빛깔의 빛을 가지고 서로 사랑하고 도우며, 아름답게 살아가도록 하나님께서는 우리에게 사명을 주신단다.'라는 문장이 나옵니다.
서로 사랑하고 도우며, 아름답게 살아가기 위해서는 어떤 노력이 필요할까요?

적용과 기도문 쓰기

내가 받은 사명이 무엇인지 또는 사명을 이루기 위해 주님의 도우심을 구하는 기도문을 써 보세요.

마지막 걸음 앞에서

김애자

너희가 노년에 이르기까지 내가 그리하겠고
백발이 되기까지 내가 너희를 품을 것이라
내가 지었은즉 내가 업을 것이요 내가 품고 구하여 내리라
이사야 46장 4절

하나님!
삶 속에서 언제나 하나님은 저와 함께하셨고,
제가 힘들어 비틀거릴 때에도
제 곁에서 부축해 주셨음에 감사합니다.
마지막 걸음 앞에서 두려움이 아닌 믿음으로,
슬픔이 아닌 소망으로 하나님을 바라보게 하소서.

무르익어가는 계절에 너를 바라보며

여전히 너와 함께 한다.

너의 삶의 긴 여정을 마무리해가는 시점이

가까이에 와 있음을 나는 안다.

시간은 너의 머리카락에 흰서리를 얹었고,

너의 걸음도 무게가 느껴지게 했구나.

그래, 나는 처음부터 너를 알고 있었단다.

네가 태어난 날의 울음도,

가장 깊은 밤에 흘리는 눈물도,

누구에게도 말하지 못하고 간절히 부르짖던 기도도,

나는 모두 기억하고 있단다.

이제 너의 시간은 나에게로 향하고 있다.

두려워하지 말아라.

죽음은 이별이 아니라

너를 다시 내 품에 안는 순간이란다.

온 세상이 하얀 눈꽃으로 덮이던 그 날,

너는 새벽을 깨우며 태어났지.

너는 우연히 태어난 존재가 아니라

나의 계획 속에서 소중한 존재로 이 세상에 왔단다.

너의 첫 시작을 알리는 그 울음을 들으며

나는 흐뭇한 미소를 지었어.

그리고 너의 마음 깊은 곳에 나의 사랑을 심어 두었단다.

네가 넘어질 때 일으켜 세워주고,

네가 아파할 때 상처를 싸매어 주겠다고 약속도 했단다.

세상에서 너의 꿈을 마음껏 펼치도록 응원해 주었고,

시련과 아픔 속에서도 단단한 모습으로 성장하도록

힘과 용기도 주었단다.

사랑하는 딸아!

세월의 흔적 속에 너의 얼굴은 주름진 모습으로 변했지만

나는 너의 삶의 과정 모두를 기억하고 사랑한다.

네가 젊었을 때 달리던 발걸음도,

지금 천천히 내딛는 걸음도,

내겐 다 귀하단다.

네가 한숨 지을 때마다 나는 너의 등을 토닥여 주었고,

간절히 구하는 너의 기도에 응답해 주었지.

내 딸아,

여기까지 오느라 수고했다.

세상에서 너의 삶은

많은 사람들에게 희망과 용기를 주는 아름다운 삶이었다.

잘 살아 줘서 고맙다.

너의 숨이 멈추는 순간에

나는 너를 가장 따뜻한 빛으로 이끌 거란다.

나의 안식 안에서 평안을 누리렴.

영원한 생명이 너를 기다리고 있단다.

📑 창조의 계획

> **질문** '처음부터 너를 알고 있었다.'는 문장을 읽고, 하나님이 나를
> 창조하시고 계획하셨다는 사실을 어떻게 받아들이시나요?
> 그 사실이 지금의 내 삶에 어떤 의미를 주나요?

📑 하나님 안의 평안

> **질문** "두려워하지 말아라."라는 말씀처럼, 죽음에 대한 두려움 대신
> 하나님 안에서의 평안을 선택한 경험이 있나요?
> 그때의 상황과 그로 인한 변화를 나눠보세요.

내 삶의 가치

질문 글 중 "너의 삶은 많은 사람들에게 희망과 용기를 주는 삶이었단다."라는 문장을 읽고, 지금까지 내가 살아온 삶을 돌아볼 때, 내 삶을 통해 누군가에게 힘이 되었던 순간이 있다면 구체적으로 나눠보세요.

주님의 위로

질문 "나는 너의 삶의 과정 모두를 기억하고 사랑한단다."라는 고백을 들으며 하나님이 나의 과거, 현재, 미래를 모두 아신다는 사실이 위로가 되었나요?
내가 그분께 맡기지 못한 삶의 부분이 있다면 어떤 부분인가요?

기도문 쓰기

이 글을 읽으며 떠오른 감사의 제목이나 하나님께 드리고 싶은 기도문을 짧게 적어보세요.

별

백미정

모든 눈물을 그 눈에서 닦아 주시니
다시는 사망이 없고
애통하는 것이나 곡하는 것이나 아픈 것이
다시 있지 아니하리니
처음 것들이 다 지나갔음이러라
요한계시록 21장 4절

사랑하는 나의 딸아,

네가 이 편지를 읽을 때면, 너는 삶의 마지막 문턱 앞에 서 있을 거야. 마음이 무겁고 두려움으로 가득 찰 수 있겠지. 하지만 나는 너와 함께 있음을 꼭 기억해 주렴. 세상의 모든 시간과 공간을 초월해 나는 네 곁에 머물러 있고, 너를 사랑하는 마음은 변함없단다.

긴 세월 동안 너는 많은 것을 겪었고, 그 안에서 한 걸음씩 성장해 왔단다. 기쁨도 슬픔도, 사랑도 아픔도 모두 품으며 살아왔지. 나는 언제나 너와 함께 있었단다. 네가 아플 때는 같이 마음 아파했고, 네가 기뻐할 때는 함께 웃어 주었지. 그러니 잊지 말아라. 어느 순간도 너는 결코 혼자가 아니었음을 말이야.

삶이 늘 쉽지 않았다는 걸 나는 알고 있어. 세상이 너에게 기대한 것들, 그리고 너 스스로에게 바랐던 모습 사이에서 때로는 무거운 짐을 지고 힘겨워했어. 너를 늘 지켜보았단다. 너의 눈물이 흐를 때마다 나는 너를 부드럽게 감싸 안았고, 다시 일어설 힘을 줄 수 있도록 곁에 머물렀단다.

지금 느끼는 두려움과 슬픔, 미련은 자연스러운 감정이란다. 하지만 죽음은 끝이 아니야. 그것은 새로운 시작이며, 너의 영혼이 진정한 평화를 향해 나아가는 길이란다.

너는 늘 '내 삶의 의미는 무엇인가?'를 고민했지. 때로는 답을 찾지 못해 헤맸을 거야. 하지만 그 질문 자체가 이미 너의 삶에 깊은 의미를 부여하고 있음을 알아주었으면 해. 존재 자체가 큰 빛이었고, 사랑이었던 딸아! 네 삶의 이야기는 세상 어떤 것과도 바꿀 수 없는 소중한 선물이었단다. 너의 헌신과 사랑 그리고 용기는 지금 이 순간에도 하늘 위에서 빛나고 있어.

사랑하는 나의 딸아, 이제는 모든 무거운 짐을 내려놓아도 좋아. 평안한 마음으로 내게 다가오렴. 나는 너를 영원히 사랑하며, 너의 모든 시간을 소중히 여기고 있음을 기억해 줘.

삶의 끝자락에 선 너에게 내가 바라는 것은 단 하나, '평안'이란다. 두려움 없이, 걱정 없이, 온전히 내 품에 안겨 마음껏 쉬길 바란다.

사랑하는 나의 딸아, 나는 너와 함께 숨 쉬고, 너의 손을 잡고 있을 거야. 이제 너는 참된 안식으로 가는 길 위에 있단다.

마지막으로 너를 위해 읊조리는 나의 시를 들어주겠니?

이제 너는 내 품 안에 내려앉아
바람처럼 가볍고, 별빛처럼 고요한 안식을 누리리라.

내 사랑이 너를 감싸 안아

눈물이 바람에 스며들 듯 사라지고

마음은 잔잔한 호수처럼 평화롭기만 하리니,

너는 영원토록 반짝이는 내 사랑의 별이란다.

마음 한 자락

질문 글을 읽으며 가장 마음에 남았던 구절은 무엇인가요?
그리고 그 이유는 무엇인지 적어보세요.

마침표

질문 죽음 앞에서 나는 어떤 생각이나 감정이 들 것 같나요?

하늘의 메시지

질문 하나님께서 나에게 사랑의 메시지를 보내주신다면 어떤 내용
이길 바라나요?

🚩 내려놓음

💬 **질문** 삶의 끝자락에서 놓아야 할 마음의 짐이 있다면 무엇인가요?

🚩 나의 평안

💬 **질문** '평안'이라는 단어를 나만의 언어로 표현한다면 무엇일까요?
나만의 정의를 적고, 그 평안을 어떻게 누리고 싶은지 적어보
세요.

🚩 삶의 의미와 사명

💬 **질문** 나에게 주어진 삶의 의미와 사명은 무엇일까요?

생명의 면류관을 씌워 줄게

신시옥

야곱아 너를 창조하신 여호와께서 지금 말씀하시느니라
이스라엘아 너를 지으신 이가 말씀하시느니라
너는 두려워하지 말라 내가 너를 구속하였고
내가 너를 지명하여 불렀나니 너는 내 것이라
이사야 43장 1절

나의 사랑, 나의 어여쁜 딸아!
나는 오늘도 너를 주목하고 있단다.

죽음이 가까이 오고 있음을 알고 있는 너의 기도에는 나를 향한 설렘도 있지만 가족들을 두고 가야 하는 애틋함도 묻어 있구나.

보름달이 온 세상을 환하게 비추던 오월의 깊은 밤에 너를 세상에 보냈지. 세상에 선한 영향력을 끼칠 너의 생을 예비하고 나는 마음이 심히 좋았단다. 남자아이처럼 우렁차게 우는 너를 보며 나는 이렇게 말했어.

"시옥아, 너는 세상의 어두운 곳을 다니며 나의 사랑 빛을 비추며 살거라. 나의 소중한 딸아! 이 세상에 온 걸 환영한다."

곱게 익어 백발의 할머니가 된 너를 대견하게 바라보고 있단다. 낮은 자리에서 아픈 이웃과 열방의 영혼들을 위해 두 손 모아 기도하던 너의 거친 손. 내가 지은 경이로운 세상을 보며 감사와 찬양의 노래를 아낌없이 드리던 반짝이는 눈과 예쁜 입. 복음의 신발을 신고 열방을 누비던 너의 아름다운 발.

나의 자랑스러운 딸아! 두려워 말고 안심하여라! 나는 너를 이 세상에 보낼 때부터 지금까지, 그리고 앞으로도 영원히 너의 아버지이며 너와 함께할 것이다.

조금 있으면 기쁘게 만나자꾸나. 만남을 축하하는 멋진 파티
도 준비해 두었단다.

사랑하는 나의 딸아!
세상에서 잘 살아 주어 고맙다.
나만 의지하고 나의 뜻을 이루며 사느라고 수고 많았다.
생명의 면류관을 너에게 씌워 주겠노라.

🔖 마음 열기

질문 이 편지를 처음 읽었을 때, 어떤 문장이 가장 마음에 와닿았나요?
그 이유는 무엇인가요?

🔖 깊이 묵상하기

질문 "나는 오늘도 너를 주목하고 있단다."라는 말씀에서 하나님의 어떤 마음을 느낄 수 있나요?
이 문장이 당신의 현재 상황에 어떻게 연결되나요?

질문 하나님께서 내 인생을 돌아보시며 하실 것 같은 말은 무엇일까요?

지금 나에게 주고 싶은 하나님의 메시지를 상상해서 적어보세요.

나눔과 기도

질문 이 글을 통해 새롭게 깨닫거나 느낀 점을 누군가에게 나누고 싶다면 누구에게, 어떤 말을 전하고 싶나요?

그리고 지금 당신의 삶 속에서 함께 나누고 싶은 기도 제목은 무엇인가요?

복음 전하는 꽃순이

유명순

너희가 노년에 이르기까지 내가 그리하겠고
백발이 되기까지 내가 너희를 품을 것이라
내가 지었은즉 내가 업을 것이요 내가 품고 구하여 내리라
이사야 46장 4절

화창한 봄날, 꽃 피는 그날,
나는 너에게 에너지를 넣어주었단다.

"하나님 아버지! 지금까지 저와 동행해 주시고 이끌어 주
셔서 여기까지 왔음을 감사드립니다."

그래.

네가 나의 은혜를 고백하며 감사하니 기쁘구나.

그간 수고 많았다.

밝게 웃으려고 애쓰던 네 모습이 오늘도 사랑스러워.

조금 전에도 복음을 전하며 꽃꽂이를 즐겁게 하던

너를 기억한단다.

네가 이 땅에 오던 그날이 생각나는구나.

하얀 눈이 소복이 쌓이던 크리스마스 전전날,

엄마 젖조차 물지 못하고, 눈조차 뜰 힘이 없던 너.

나는 삼일 동안 너를 지켜보며,

생기를 넣어주었지.

나는 네가 복음을 전하는 자로 자라나기를 기대하며

가슴 벅찬 마음으로 너를 바라보았단다.

그래서 언어의 복을 주었고, 손끝에 달란트를 더해주었다.

이 땅에 온 너를 두 팔 벌려 환영하며, 깊이 사랑했단다.

이제는 하얀 머리카락이 더 많아진 너를 바라보며

'참 멋스럽구나.' 하는 생각이 든다.

시간을 내어 조용히 기도하는 너의 모습이 아름답다.

그간 너의 소망이었던 성경 필사하고 있는 너.

방긋 웃는 예쁜 눈과 하얀 치아,

내가 창조한 자연을 바라보며

감사하고 감탄하는 너의 모습이

참 보기 좋구나.

그 소재들을 말씀과 접목하여 재창조하고,

꽃꽂이 작품으로 연출해

또 다른 방식으로 복음을 전하는 너.

내 마음이 흐뭇하단다.

이제 이곳으로, 어서 오렴.

떨리는 네 마음을 차분히 가라앉히고, 내 품에 안기렴.

그간 아름다운 세상에서

감사와 기쁨과 행복을 누리려 수고 많았구나.

내 손을 잡고 한발 한발 걸음마를 배우던 네가

어느 때는 나보다 먼저 앞서가려 할 때도 있었지.

그럴 때마다 나는 그 자리에 서서 너를 기다렸단다.

너도 알고 있었니?

네가 깨닫고 고치려 노력하는 그 모습이

참 대견스럽고 사랑스러웠단다.

너는 말이야,

예수 그리스도의 복음을 전할 때 가장 너다웠단다.

늦은 나이, 손끝의 감각이 따라주지 않아도

피아노 건반 위에서 나를 찬양하던

너의 모습을 영원히 기억하마.

이제, 나와 함께

꽃들이 만개한 새로운 집에서

그리웠던 성도들을 만나자.

함께 읽어요 : 본문 낭독

본문을 한 목소리로 천천히 낭독하거나, 돌아가며 한 문단씩 읽어보세요. 낭독 후 마음에 남는 문장을 한 줄 적어봅시다.

마음에 남은 문장:

→ _____

마음 나눔 : 하나님이 나를 바라보시는 시선

질문 1 내가 하나님께 "그동안 수고 많았다"라는 말을 듣는다면, 어떤 순간이 떠오르시나요?

질문 2 하나님께 가장 감사했던 순간은 언제인가요?

질문 3 나의 인생에서 '복음을 전하는 자'로 살아간 흔적은 어떤 모습일까요?

이 글을 읽고 나서 '오늘' 내가 더 사랑하고 싶은 사람은 누구 인가요?

🔖 기도문 쓰기

"하나님, 저도 저의 인생을 감사로 마무리할 수 있기를 소망합니다."
오늘 이 마음을 담아 짧은 기도문을 써보세요.

나의 기도:

🔖 함께 나누는 축복의 말

"당신은 참 잘 살아오셨습니다."
"하나님이 오늘도 당신을 흐뭇하게 바라보십니다."
서로에게 따뜻한 한 마디를 전해 주세요.

하나님의 편지

이순자

여호와께서 너의 출입을 지금부터 영원까지 지키시리로다
시편 121편 8절

살랑살랑 봄바람을 닮은 너는
예배하며 찬양하고 있구나.
나는 너를 사랑의 눈빛으로 지켜보고 있단다.

순자야!
파릇파릇 새싹이 돋아나는 3월,
나는 너를 시골 가정의 여덟 번째로 태어나도록 하였단다.

네가 이 세상에 태어난 것이 기쁘고 즐거웠어.

넌 어릴 적부터 건강하고 명랑한 아이였지.

밝은 성격으로 활동적인 걸 좋아했어.

그 기질 그대로,

아이들을 돌보는 유아교사가 되었구나.

그 일을 통해 나의 기쁨이 되었고,

너는 많은 사람 앞에서 나를 증거하는 삶을 살아냈단다.

이제는 할머니가 된 너의 모습을 바라보고 있단다.

몸은 늙었어도 마음은 여전히 튼튼하구나.

춤과 노래를 좋아하는 너,

아이들과 함께 지내는 시간을 기뻐하고,

그들이 바르고 곧게 자라도록 돕는 너의 마음이 느껴져.

나는 새벽마다 너의 기도를 들었단다.

나라와 민족을 위해, 교회와 성도들을 위해,

또 맡겨진 구역을 위해 정성껏 기도했지.

어린이집의 교사와 아이들, 부모들을 위해서도 말이야.

무엇보다,

예배의 자리에 함께하지 못하는 남편을 위해

마음 아파하며 기도하고 있구나.

걱정하지 마라, 그도 나의 자녀란다.

곧 내 품으로 돌아오게 될 거야.

여전히 활기찬 너는

가는 곳마다 예수의 향기를 나타내고,

복음의 씨앗을 뿌리며 살고 있구나.

사랑하는 딸아!

너는 오래전부터 할머니가 되고 싶어 했지.

너의 간절한 기도를 듣고 응답하여

두 명의 손자를 허락하였단다.

그동안 참 애쓰며 살았구나.

나는 너를 바라보며 기쁨이 가득하단다.

처음부터 지금까지 나는 너의 하나님이었어.

이제는 너를 가장 좋은 곳, 천국으로 데리고 가려 해.

너를 다시 만날 때 이렇게 이야기해 주고 싶구나.

사랑하는 내 딸아!

꾸준하게 성실하게 많은 수고를 했구나.

복음을 전하려고 많이 애썼음을 잘 알고 있단다.

나는 창세 전부터 너의 하나님이었고

이제는 너를 나의 영원한 안식처인

천국으로 데려 가려고 한단다.

조금만 있으면 너는 천국으로 오게 될 거야.

사랑하는 딸아!

잘 살아주었어. 잘 견뎌주어서 고맙구나.

이제는 아버지의 집에서 영원히 나와 함께 살아가자꾸나.

말씀 묵상

두려워하지 말라 내가 너를 구속하였고
내가 너를 지명하여 불렀나니 너는 내 것이라
이사야 43장 1절 하반절

1) 이 말씀은 당신에게 어떤 의미로 다가왔나요?

2) 나의 이야기처럼 느껴진 구절이나 단어가 있다면 적어보세요.

문장 필사

다음 문장을 정성껏 필사해 보세요.

"처음부터 지금까지 나는 너의 하나님이란다."

1) 위 문장을 쓰면서 어떤 감정이 떠올랐나요?

2) 위 문장이 당신의 삶에서 실제로 느껴졌던 순간이 있었나요?

1) 아래 질문에 자유롭게 답해 보세요.

'하나님께서 나를 지켜보고 계신다'는 표현이 따뜻하게 느껴지셨나요, 부담스럽게 느껴지셨나요? 그 이유는 무엇인가요?

2) 당신이 하나님께 들었던 위로의 음성이나 마음에 새겨진 말씀이 있다 면 나눠보세요.

나의 삶 돌아보기

1) 하나님께서 나의 인생에 미리 예비하셨던 일들이 있다고 느꼈던 순간 이 있다면 적어보세요.

2) 나의 기도제목 중 '오래 기다려야 했던 것'이 있다면 무엇이었고, 응 답받은 경험은 어떤 것이었나요?

기도 나눔

아래 기도문을 완성해 보세요.

"하나님, 저는 _____한 인생을 살았습니다. 그 안에서 당신은 _____한 분이셨습니다. 앞으로는 _____하며 살 아가길 원합니다."

그날 아침 너에게

전숙향

만일 땅에 있는 우리의 장막 집이 무너지면
하나님께서 지으신 집 곧 손으로 지은 것이 아니요
하늘에 있는 영원한 집이 우리에게 있는 줄 아느니라
고린도후서 5장 1절

아침 햇살에 단풍잎이 반짝인다.

언제나 나의 시선은 너에게 머물러 있었지.

이제 때가 되어, 너를 다시 만나기 위해

나는 조용히 기다리고 있단다.

그동안 참 수고 많았다.

정말 애썼구나.

이곳엔 나뿐 아니라

너를 가장 반길, 꿈에도 그리던

사랑하는 너의 부모도 함께 기다리고 있단다.

네가 가장 좋아하던 계절,

햇살이 반짝이던 그 아침에

넌 세상을 향해 가장 작은 손을 뻗었지.

"너의 걸음마다

매 순간 합당한 열매를 맺게 되리라."

나는 속삭이며 너의 손을 조심스레 잡았단다.

아주 작은 손길,

미세한 음성 속에서도

나의 숨결을 느끼는 너를 보며

참 많이 자랑스러웠단다.

언제부터인가

말씀 묵상을 열심히 하는 너를 보았다.

나를 더 깊이 만나고 싶은 간절함으로

묵묵히 기도하던 너의 굵은 손마디를 보며
내 마음은 울컥했단다.
예전만큼 고운 목소리는 아니지만
진심을 담아 읊조리는 너의 찬양 소리,
참 흐뭇했단다.
무엇보다
너의 아들, 며느리, 손자, 손녀에게
신앙의 본이 되고자 애쓰던 너의 모습,
잘 기억하고 있다.

나의 바람대로
때마다 가장 아름다운 빛깔로 익어가는 네가
참 대견하더구나.
나이 들어 시작한 글쓰기가
너의 삶을 완성해가는 것처럼 보여
무척 기뻤단다.

사랑하는 내 딸, 향아!
세상의 수고와 모든 염려
다 내려놓고

편히 오너라.

이제 너에게 영원한 쉼을 주려 한다.

사명을 다하고

잠시 후 나를 만나는 그 순간도

이미 영원 전부터 예정된 일이란다.

누구보다 사랑하는 내 딸아.

아름다운 천국 정원에서

영원히 나와 함께 거닐자꾸나.

나의 생각

이 글을 읽고 가장 먼저 떠오른 감정이나 단어는 무엇인가요?
예) 그리움, 위로, 눈물, 평안, 안도, 천국, 마지막 등

문장 공감

가장 마음에 남는 문장을 적어 보세요.
그리고 그 이유를 한 줄로 써보세요.

삶과 연결하기

1) 지금 나를 조용히 지켜보고, 기다리고 있을 '누군가'가 떠오르시나요?

2) 내가 마지막 인생의 문을 통과할 때, 듣고 싶은 말은 무엇인가요?

1) 이 글을 통해 나는 어떤 위로를 받았나요?

2) 삶의 마지막을 생각하며 지금 고쳐야 할 말이나 행동이 있다면 무엇
   인가요?

3) 내가 남겨야 할 신앙의 본은 어떤 모습일까요?

끝맺음까지 함께 한 주님의 동행자들

권은하

잠시 주어진 인생 쉼표의 시간을 글을 읽고, 쓰면서 보내는 중입니다.

함께 신앙 동화를 써보자는 백미정 작가님의 제안에
흔쾌히 따라나섰던 글쓰기의 여정은 행복이었습니다.

'잘 할 수 있을까'라는 의문으로 시작된 글쓰기의 여정.
시작은 미약하였고, 끝은 은혜로웠습니다.
신앙 동화의 동행자, 작가님들 덕분에 은혜로울 수 있었다고 말씀
드리고 싶습니다. 감사합니다.

하나님의 사랑과 은혜가 이 글을 읽으시는
모든 분들께도 깃들기를 소망합니다.

김 애 자

아이들의 웃음 속에서 새로운 희망을 꿈꾸는 어린이집 원장.

글과 말로 하나님의 사랑을 전하고자 이번 공저에 함께했습니다.

이 책의 이야기가 독자님의 영혼에 단비가 되어, 삶의 구석구석을 하나님의 사랑으로 채워가는 귀한 계기가 되기를 소망합니다.

책이 출간되기까지 함께 애써주신 작가님들께 깊이 감사드리며, 모든 영광을 하나님께 올려드립니다.

백 미 정

글과 말로 하나님과 동행하는 책 쓰기 코치.

저는 하나님께서 허락해주신 것 가운데,

영혼을 바른 길로 인도하는 가장 귀한 도구가

글과 말이라고 믿습니다.

믿음의 동행자인 작가님들과 함께 신앙 동화를 쓰고 마음을 나누는 시간 속에서,

하나님께서 부어주신 은혜와 사랑에 깊이 감사드립니다.

이 벅찬 감정이 독자들에게도 전해져

"아, 하나님 감사합니다."라는 고백을 함께 드리게 되기를 소망합니다.

지금의 저를 있게 해 주신

사랑하고 존경하는 내 엄마 강옥분 여사님,

하나님께서 제 곁에 보내 주신 남편과 아들 셋 이루·소서·하명,

저를 믿어 주시고 함께해 주시는 작가님들,

그리고 우리말과 나라를 지켜 주신 독립운동가들께

깊은 감사를 드립니다.

신 시 옥

아이를 사랑하는 아이바라기, 어린이집 원장.

코람데오.

하나님 앞에서 아이와 같은 마음으로 신앙 동화를 쓰며 하나님의 사랑을 전하고 싶었습니다.

이 글이 누군가에게 반딧불처럼 어둠을 밝히는 빛과 소망이 되기를 기도합니다.

그리고 그 빛이 또 다른 누군가에게 전해져 하나님의 사랑이 확장되기를 소망합니다.

유 명 순

글쓰기와 꽃꽂이로 복음 전하는 플로리스트.

저는 복음을 가장 소중히 여기며 전도사의 삶을 살았습니다.

하나님의 인도하심 가운데, 지금은 글쓰기를 통해 복음을 전할 수 있다는 믿음으로 펜을 들었습니다.

하나님이 지으신 꽃을 바라보고, 그 아름다움을 글로 재연출하며 누군가에게 작은 복음의 씨앗이 되기를 소망합니다.

이 순 자

기도와 말씀으로 아이들을 양육하는 어린이집 원장.

예수님을 믿고 난 후, 하나님께서 허락하신 재능과 은사를 발견하게 되었고 아이들과 함께 기도하며 섬기는 삶 속에서 기쁨과 감사를 누리고 있습니다.

믿음의 동역자인 백미정 글대장님을 만나 작가가 되는 은혜를 입게 하신 하나님께 감사드립니다.

이 책을 통해 독자님들이 하나님을 더 깊게 만나고 하나님과 동행하는 삶을 이어가시길 소망합니다.

글과 말을 통해 복음 전하는 작가로 세워주신 하나님께 모든 영광을 올려드립니다.

전 숙 향

하나님 사랑에 진심인, 글 쓰는 할머니.

하나님의 사랑을 전하는 일에 함께할 수 있어 행복했습니다.

저의 진심을 동화처럼 쓰게 해 주신 은혜에 감사드립니다.

이 글이 예비된 영혼에게 위안과 회복, 그리고 도전이 되기를 소망합니다.

특별히 사랑하는 제부들과 조카에게 하나님의 사랑이 전해지는 글이 되길 간절히 기도합니다.

먼 훗날, 사랑하는 주안이와 세아가 저를 '하나님을 진심으로 사랑했던 할머니'로 기억한다면, 그것이 저의 삶을 가장 값지게 하는 고백이 될 것입니다.